LES VIEUX SOUVENIRS

DE

LA RUE NEUVE

A BORDEAUX

PAR

UN VIEIL ENFANT DE CETTE RUE

———◆———

BORDEAUX
LIBRAIRIE DE Mme VEUVE MOQUET
45, RUE PORTE-DIJEAUX, 45
—
1890

Bordeaux. — Imprimerie G. GOUNOUILHOU, rue Guiraude, 11.

LES VIEUX SOUVENIRS

DE

LA RUE NEUVE

A BORDEAUX

PAR

UN VIEIL ENFANT DE CETTE RUE

———•◆•———

BORDEAUX

LIBRAIRIE DE Mme VEUVE MOQUET

45, RUE PORTE-DIJEAUX, 45

1890

LES
VIEUX SOUVENIRS DE LA RUE NEUVE
A BORDEAUX

PAR UN VIEIL ENFANT DE CETTE RUE

La *rue Neuve*, malgré son nom, est une bien vieille rue, et l'on se tromperait fort en supposant qu'elle appartient à cette grande transformation de Bordeaux au XVIIIe siècle et qu'elle a le caractère des rues *nuova* et *nuovissima* de Gênes, voies larges et bordées de palais somptueux (1). La rue Neuve est située au centre de l'ancienne ville; elle prend naissance au carrefour de la chapelle Saint-Jean et n'a pas d'issue directe sur le vieux faubourg Saint-Michel, étant primitivement clôturée, à l'est, par le mur d'enceinte élevé vers 1150,

---

(1) Le nom de *Neuve,* donné à des rues nouvellement tracées, est d'une application fort ancienne. M. de Rossi (*Archéologie chrétienne,* 1875, p. 56) cite la *via Nova,* à Rome, près des thermes de Caracalla. Il serait facile de citer un grand nombre de villes dans lesquelles se trouvent d'anciennes rues appelées *Neuve;* mais, pour ne s'en tenir qu'à Bordeaux, voici l'indication de rues autrefois désignées sous ce nom, en outre de la plus vieille de toutes, celle qui nous occupe, et que l'on nommait encore, vers 1815, *rue Neuve-en-ville.*

Au XVe siècle, il y avait, dans la paroisse Notre-Dame de Puy-Paulin, une *rue Neuve-de-Campaure,* « *vocata nova de Campauria, in parrochia Beatæ Mariæ de Podio-Paulini.* » Baurein dit qu'elle existait dès 1417 : elle reliait les fossés de *Campaure,* à présent de l'Intendance, à la rue *Mautreyt.* Elle est citée en 1683, par Ch. Burguët, Manuscrit, page 83. En 1423, il est question de la *rue Neuve-des-Capucins* (Répertoire des titres des Grands Carmes, registre 747, n° 192, Archives départementales);

contre lequel s'établirent alors des bancs carnassiers ou boucheries jusqu'à la porte Bouquière, et qui, plus tard, furent occupés par les maisons de la rue Renière.

La rue Neuve ne comprend actuellement qu'une quarantaine de maisons longeant les côtés d'une chaussée, dont le tracé, brisé légèrement vers le centre, mesure cent soixante-dix mètres de longueur et six de largeur, en y comprenant les trottoirs, qui nous indiquent, à l'alignement de leur bordure, la largeur de la rue à son origine. Tous ces détails démontrent qu'il s'agit d'une voie peu importante, n'étant plus en rapport avec le mouvement commercial et l'ensemble si grandiose de notre cité. Cependant, malgré ces humbles apparences, et ne fût-ce que pour prouver combien serait intéressante cette grande histoire du vieux Bordeaux, qui attend encore son véritable historien, j'ai pris à tâche d'étudier une petite partie de notre ville. Cette étude me permettra de justifier de nouveau les paroles du savant M. Le Prévot : « Il n'y a pas de si petit coin de terre sur lequel il ne soit » possible de faire germer une riche moisson de docu- » ments et de souvenirs (1) ! »

Mais, avant de retracer l'état primitif de la rue Neuve, je vais rappeler les limites de Bordeaux, vers le commen-

---

elle est aussi désignée sous le nom de *Petite-Rue-Neuve près Saint-Julien*, dans la rue Traversane. *Rue Neuve-du-Temple*, allant de la rue Porte-Dijeaux à celle de l'Intendance, aujourd'hui rue du Temple; *rue Neuve-des-Enfants-Trouvés*, à cette heure rue d'Alembert; *rue Neuve-Saint-Seurin*, actuellement rue de Fleurus; *rue Neuve-Richelieu*, depuis longtemps rue Ausone; *rue Neuve-du-Palais*, maintenant Palais de l'Ombrière; *rue Neuve-du-Marché*, appelée en 1674 rue des Herbes; enfin, *rue Neuve-de-l'Intendance*, de nos jours nommée Guillaume-Brochon.

La rue Neuve-en-Ville fut comprise, dès son origine, dans la paroisse Saint-Michel; mais elle en a été distraite le 6 mars 1791, lorsque fut créée la nouvelle paroisse Saint-Paul, qui a pour église l'ancienne chapelle de la maison professe des Jésuites, rue des Ayres.

(1) *Histoire de Saint-Martin-du-Tilleul*, 1840.

cement du xiiᵉ siècle. La cité bordelaise ne couvrait pas alors, entre murs, plus de trente-six hectares, et ses limites, tant de fois décrites, étaient comprises entre le cours d'Alsace-et-Lorraine au sud, celui de l'Intendance au nord, les rues des Argentiers et de la Vieille-Corderie au levant, et les rues du Canon et des Remparts au couchant. Pour de plus précis et de plus amples détails, je renvoie à l'important ouvrage de mon confrère M. Leo Drouyn : *Bordeaux vers 1450*. Cependant, désireux de bien montrer l'intérêt du quartier que j'étudie, je dois rappeler encore qu'à l'angle sud-est de l'antique cité, près du lieu dit *Chapelle Saint-Jean*, s'élevait, sur les bords du Peugue, le vieux *castrum* des ducs d'Aquitaine, le château de Bordeaux, désigné plus tard sous le nom de château de l'Ombrière (¹), demeure du grand-sénéchal de Gascogne, et qui devint ensuite, sous Louis XI, à l'aide de transformations, le palais du Parlement de Guyenne, palais dont le souvenir nous est conservé par le nom d'une petite place, qui fut pourtant la principale de la ville au moyen âge et jusque vers le milieu du règne de Louis XV.

Au xiiᵉ siècle, sous Henry III d'Angleterre, Bordeaux, trop à l'étroit depuis longtemps dans sa première enceinte, se développa du côté du midi; des constructions civiles, des rues industrielles, des hôtels, des maisons fortes s'établirent sur le versant septentrional de la colline Saint-Michel, que nos pères appelaient *Lo Puyaduy de sen Miqueu*, au sommet duquel s'élevait une petite

---

(¹) Il fut habité par Guillaume X, père d'Éléonore d'Aquitaine, mariée d'abord à Louis VII, roi des Français. Le mariage eut lieu dans la cathédrale Saint-André, en 1137; mais, en 1152, les époux royaux divorcèrent et six mois après Éléonore épousa le comte d'Anjou, devenu roi d'Angleterre sous le nom de Henri II et Bordeaux tomba sous le pouvoir des Anglais. (Voir Dom Devienne, *Hist. de Bordeaux*, p. 24.)

église. C'est alors qu'une nouvelle ligne de remparts vint protéger cette partie naissante de la ville, en annexant tous les terrains compris de la Porte-Basse à la rivière et suivant le cours nommé de nos jours Victor-Hugo et cours Napoléon, il y a vingt ans, mais que, dans ma jeunesse, l'on désignait tout bonnement sous ce simple nom : *Les Fossés*, ce qui indiquait l'état ancien et vulgarisait un fait d'histoire locale. Au nombre des rues nouvelles, l'une des plus importantes fut la rue Neuve, *arrua Neba*, comme disent les vieux titres. « Ce nom,
» fait justement observer l'abbé Baurein, ne lui venait pas
» pour avoir été récemment ouverte (¹), puisque plusieurs
» rues du même accroissement de Bordeaux sont de la
» même date ; mais cette dénomination lui a été donnée
» à raison des hôtels qu'y firent construire à neuf, à peu
» près dans le même temps, plusieurs des principales
» familles de cette ville, qui établirent leur domicile dans
» cette rue, entre autres les familles de Calhau, de Colomb
» et du Soley (²), » considérées comme les plus notables de la bourgeoisie bordelaise et dont les noms figurent très souvent sur la liste des anciens maires de Bordeaux. Les Calhau, les Colomb appartenaient aux meilleures maisons de la cité, et leurs démêlés avaient jeté souvent le trouble dans la population. Pour les du Soley (³), ces

(¹) Le tracé de la rue Neuve a dû suivre l'emplacement d'un vieux chemin qui de la chapelle Saint-Jean allait à la butte de Saint-Michel et au monastère Sainte-Croix. En 1883, à l'angle des rues Neuve et Sainte-Colombe, par suite de travaux nécessités par la réfection d'un ancien égout, les ouvriers trouvèrent, à trois mètres au-dessous du sol actuel, des substructions gallo-romaines, dont il ne sera possible de bien déterminer le caractère et l'importance que lors de la reconstruction de la maison cornière.

(²) Appelé aussi du Solers ou du Souler.

(³) *Recherches et mémoires concernant la ville de Bordeaux*, par l'abbé Baurein, publiés par M. Georges Méran. Bordeaux, Feret et fils, 1876. Bernadau, dans ses divers écrits, s'est inspiré de l'abbé Baurein sans le nommer.

Jacques Cœur du pays de Guyenne, ils avaient une telle puissance que, parfois, les rois d'Angleterre, alors souverains de la province d'Aquitaine, en eurent ombrage.

Comme on le voit par ce court exposé, la rue qu'habitaient de tels hôtes fut une des rues les plus aristocratiques du vieux Bordeaux. N'oublions pas aussi que cette voie reliait le plus directement deux monuments civils de premier ordre : le palais de l'Ombrière, déjà nommé, et l'Hôtel de Ville, compris dans le nouveau tracé des fortifications, avec son orgueilleux beffroi, qui attestait la puissance de nos franchises municipales (¹).

(¹) « Le premier acte de la commune était l'occupation d'une tour de la ville, où l'on établissait une cloche ou beffroi, et la première clause du serment de tous les communiers était de se rendre en armes, dès que le beffroi sonnerait. » (Sismondi, *Histoire des Français*, t. IV, p. 420.) — « Dans plusieurs villes, avant l'établissement des mairies, le grand conseil des bourgeois tenait ses séances dans l'église principale de la cité; la cloche paroissiale servait de beffroi communal. » (A. Thierry, *Lettres sur l'histoire de France*, p. 308.) — Les jurats, qui formaient à Bordeaux le conseil du Maire, se réunirent, dès le XIIIᵉ siècle, dans l'hôtel ou maison commune de Saint-Éloy, sorte de château-fort qui bordait, au midi, les murs de la cité, de la rue du Cahernan à l'église Saint-Éloy, et comprenait dans son enceinte plusieurs établissements, un arsenal et des prisons; des tours en défendaient l'approche, et, sur celles qui s'élevaient des deux côtés de la porte intérieure de la ville, était placé le vieux beffroi. Je dis intérieure, parce qu'il y avait, en avant de celles qui existent, quatre autres tours qui ont été démolies. Dans le passage de ces tours, devait se trouver au moins une porte vers les douves extérieures. Il est donc certain que le beffroi que nous voyons aujourd'hui, appelé vulgairement la *Grosse-Cloche*, ne date au plus que de la fin du XIVᵉ siècle, dans les parties basses, et ne fut achevé qu'en 1449, d'après le chroniqueur de Lurbe. C'est sur les anciens poids de Bordeaux, de la fin du XIIIᵉ siècle, que l'on trouve la disposition du premier beffroi bordelais, avec ses tours couronnées de créneaux et sans comble ardoisé. La porte, qui figure à l'avers du poids du XIVᵉ siècle, n'est point inspirée de l'ancienne porte Dijeaux, ni de la porte Basse, comme le dit M. E. Taillebois dans ses *Recherches sur la numismatique de la Novempopulanie*, 1884, p. 73, mais bien de celle de Saint-Éloy, qui figure également sur les sceaux et dans les armes de la ville de Bordeaux. De 1756 à 1759, de grandes réparations furent faites aux tours de la grosse cloche, surtout vers les combles surélevés alors. Enfin, de nos jours, en 1876, les toitures ont été recouvertes, et divers remaniements et restaurations à l'extérieur des tours ont eu lieu.

La rue *Neuve* n'avait pas le caractère commercial de la rue de la Rousselle, sa voisine, ni l'aspect industriel et marchand des rues Bouquière, Sainte-Colombe et Saint-James; elle était habitée par la riche bourgeoisie alliée à la noblesse; et ce fut aussi dans cette rue que se fixèrent, de la fin du xve au milieu du xviiie siècle, des familles célèbres de l'ancien Parlement.

La rue *Neuve*, a-t-il été dit tout d'abord, ne compte qu'une quarantaine de maisons. A son origine, elles étaient moins nombreuses encore, mais bien plus vastes, plus importantes; deux surtout, entre cour et jardin, étaient de vrais hôtels, sur lesquels, à l'aide de titres authentiques, il sera donné des détails topographiques. Ces constructions et leurs dépendances occupaient une étendue de terrain où, de nos jours, s'élèvent plusieurs immeubles. L'un de ces vieux hôtels, celui des du Soley, jouissait d'une fort rare prérogative : il avait, comme certaines églises, droit de franchise ou droit d'asile. Cette importante immunité sera prouvée par le texte d'anciens aveux au Roi. Des du Soley, l'hôtel passa plus tard dans la maison noble de Lalande, qui possédait tant de fiefs à Bordeaux. Dans la rue Neuve, il reste encore, au fond d'une impasse, des fragments de constructions civiles du xive siècle [1]. Ces vieux murs, pris communément pour les restes d'une église, sont les vestiges, presque six fois séculaires, d'habitations importantes qui ont été la demeure ou qui avoisinèrent celles du président Carles, du célèbre Arnaud de Ferron, et de Pierre de Lartigue, dont la fille, Jeanne de Lartigue, s'unit en mariage au plus illustre des membres de l'Académie de Bordeaux : Montesquieu !

[1] Je crois que ces fragments de constructions civiles du xive siècle sont uniques à Bordeaux, ce qui ne les a pas préservés d'être badigeonnés dernièrement.

Ces préliminaires doivent s'arrêter sur ce grand nom ; cependant, je ne puis taire que, dans cette étude rétrospective, en parcourant pas à pas la vieille rue *Neuve*, tout en remontant le cours des âges, jetant mes regards sur les maisons modernes qui occupent l'emplacement des anciennes, je réveillerai les souvenirs endormis de noms honorés, à divers titres, dans les sciences, les lettres, la magistrature, le clergé, le commerce, l'industrie et les arts !

I

Avant de commencer l'étude rétrospective de la rue Neuve, d'y faire renaître et mouvoir ses anciens habitants, il est utile d'insister sur ce point : qu'il ne faut pas juger le moyen âge avec nos idées modernes. « Ce » qui, dans tous les temps et dans tous les pays, nuit le » plus souvent à la vérité historique, » a dit Augustin Thierry, « c'est l'influence exercée par le spectacle des » choses présentes ([1]). » Donc, habitués à vivre dans une ville ouverte, aux voies aérées, spacieuses, nous ne pouvons nous figurer notre Bordeaux, enserré dans de hautes murailles comme dans une vaste forteresse, et ne pouvant disposer, pour le logement de ses habitants, que d'espaces naturellement restreints, que de terrains forcément morcelés ; de là, des rues étroites, dont les plus larges, comme celle dont il est ici question, ne dépassaient guère quatre mètres et que les vieux titres désignent cependant sous les noms de *rua magna, via magna,* grande rue. De fait, relativement, elle l'était, puisque la plupart des autres rues ne mesuraient que trois mètres de largeur, deux mètres à peine quelquefois, comme on peut encore le constater dans nos

---

([1]) A. Thierry, *Lettres sur l'histoire de France*, 1829.

vieux quartiers. Il est vrai que la population de Bordeaux, au XIII° siècle, ne dépassait pas le chiffre de 25 à 30,000 habitants (¹).

Dès lors, le mouvement de circulation n'exigeait point les proportions de nos voies modernes, pourtant insuffisantes encore en quelques endroits et qui réclament de sérieuses modifications. Puis, ces rues du moyen âge, qu'étaient-elles pour la plupart? Des chemins boueux où l'on semait du foin ou de la paille (²); d'autres pavés à l'aide de galets de mer provenant du délestage des navires, pavage bien incommode, au milieu duquel était un ruisselet qui, lors des grandes pluies ou des orages, séparait comme une douve les deux côtés de nos voies urbaines. Et de l'éclairage de ces rues aux XIII° et XIV° siècles, point n'en faut parler, bien qu'il soit question de lanternes sur le pont d'Angers dès 1329 (³).

En 1552, des ordonnances royales prescrivirent aux bourgeois de Paris de placer, après neuf heures du soir, une lanterne allumée au premier étage de leur maison; c'est probablement en raison de ces ordonnances, qui s'étaient généralisées, que, le 16 janvier 1554, MM. les jurats de Bordeaux ordonnèrent à plusieurs habitants de tenir lanterne au-devant de leur maison, sous les auvents (⁴).

Enfin, en 1558, un arrêt du Parlement de Paris ordonna de suspendre au coin et au milieu des rues des falots qui devaient brûler toute la nuit; les grandes villes de France suivirent bientôt cet exemple (⁵).

(¹) Le recensement officiel de la population de Bordeaux ne remonte pas au delà de 1590; à cette date, le nombre des habitants était de 45,000.
(²) La rue du Fouare, à Paris, tient son nom de ce vieil usage.
(³) *Dictionnaire historique des institutions, mœurs et coutumes de la France*, Chéruel, t. II, p. 645.
(⁴) *Livre de la Jurade*, f° 122.
(⁵) Il y aurait sur l'éclairage public de la ville de Bordeaux un très curieux ouvrage à faire. La *Chronique bordelaise*, depuis 1697, les Archi-

Il résulte de ces citations que, dans le moyen âge, Bordeaux, comme une grande partie de nos bourgs modernes, se trouvait la nuit dans l'obscurité la plus complète, sauf aux époques de pleine lune. Dès que la cloche de l'hôtel de ville sonnait, à neuf heures, le couvre-feu, tous les habitants devaient rentrer et se renfermer dans leur maison; lorsque des circonstances les obligeaient de sortir, devant les seigneurs et les riches bourgeois marchaient des serviteurs portant des torches ou des lanternes; les artisans se contentaient de porter un simple fanal, comme cela se pratique maintenant dans les villages et certains bourgs.

Si la responsabilité de ceux qui devaient veiller à la sûreté de la voie publique, dans la campagne, sur les grands chemins, cessait au coucher du soleil, il n'en était heureusement pas de même dans l'intérieur des cités. A Bordeaux, la surveillance et police de la ville était alors dévolue soit au grand prévôt, soit aux jurats; d'où il résulte que la rue Neuve devait être bien protégée, puisque, d'une part, la garde prévôtale se trouvait au château de l'Ombrière, et de l'autre, à quelques centaines de pas, les archers de l'hôtel de ville, qui formaient la garde nocturne ou ronde de nuit, ce qu'on appelait le guet, institution fort ancienne, comme le constate l'extrait des lettres patentes de Henri II, du 22 avril 1558, relatives aux attributions des maire et jurats de Bordeaux [1].

ves municipales et départementales, série C, carton nº 1182, fourniraient de nombreux éléments.

[1] « Les maire et jurats de nostre ville de Bourdeaulx nous ont faict
» remonstrer que, combien que de tout temps et ancienneté ils eussent
» accoustumé instituer le cappitaine du guet en la dicte ville, sur lequel
» et sur ses archiers ils avaient tout commandement et puissance.....

» C'est ung homme (le capitaine du guet) appartenant à la nuict; car est
» tenu aller toutes les nuictz par les ruhes, pour veoir s'il y trouvera des
» vacabons, ribleurs de pavé et malfacteurs, et s'il en trouve, est tenu de

Mais ce qui rendait la rue Neuve encore plus sûre, c'est qu'elle était la résidence de plusieurs grands bourgeois de la ville qui, dès l'établissement du régime municipal, furent élus maires de Bordeaux : les familles du Soley, de Colomb, de Calhau figurent à elles seules dix-neuf fois sur la liste de nos anciens maires du XIII° siècle : les Calhau trois fois, les Soley quatre fois et les Colomb douze. Les Calhau et les Colomb ne demeuraient pas tous dans la rue Neuve; le nom d'une de nos anciennes portes de ville vient du voisinage de la demeure d'un des Calhau, qui en avait particulièrement la garde (1), porte reconstruite au XV° siècle et que mon confrère, M. Charles Durand, vient de restaurer habilement; mais ce qui est certain, c'est que les trois noms cités appartiennent aux annales de la rue Neuve. Pour les du Soley, cela ne fait pas le moindre doute, puisque tant de documents constatent encore l'existence de leur hôtel en cette rue, hôtel qui, dans le cours du XIV° siècle, vint en possession des seigneurs de Lalande et fut le siège de leur baronnie. Pour les Colomb, celui qui remplissait les fonctions de maire en 1386 ajoutait à son nom cette désignation qui ne laisse aucun doute : *de arrua neba*, de rue Neuve (2), et dans un contrat de vente relatif à la maison n° 32, il est question d'un bail à fief daté du

» les prendre et de les constituer prisonniers, et les rendre à justice. » (Extrait des Reg. du Parlement, 22 avril 1558. — *Livre des Privilèges*, p. 133-136.)

(1) Le quartier dit de Calhau, d'après un texte du 27 juillet 1407, se trouvait au bas de la place du Palais-de-l'Ombrière. (Voir *Bordeaux vers 1450*, p. 117 et 444, pour les diverses demeures de la famille Colomb.)

(2) Dans les *Archives historiques de la Gironde*, XV° vol., p. 182, M. Paul Raymond, archiviste des Basses-Pyrénées, a publié le contrat de mariage de Bernard d'Escossan et de Trencaléon, fille de Jean Colomb, ancien maire et bourgeois de Bordeaux, contrat daté du 4 novembre 1289. Au nombre des témoins se trouvent un Gailhard de La Lande, écuyer, et Pierre Colomb, de rue Neuve.

8 décembre 1334, en faveur d'Arnaud Calhau, maire en 1303 et en 1306, qu'Édouard II d'Angleterre avait établi sénéchal de Saintonge en 1318 (¹). Mais pour avoir une idée plus juste du caractère de la rue Neuve au XIII siècle, voici l'aspect que présentaient alors les constructions de cette époque lointaine.

La plupart des maisons de cette rue étaient des hôtels séparés par un espace ou plutôt *andronne* (²), suivant l'expression bordelaise. Ces hôtels ne tenaient pas du château féodal, mais néanmoins étaient protégés par de hautes murailles crénelées, longeant la voie publique; murs percés d'un portail avec une poterne et de rares ouvertures donnant sur la rue, tout juste ce qui était nécessaire pour voir ce qui se passait au dehors ou qui se présentait au logis.

La demeure principale était en arrière de ce mur de clôture, au fond d'une cour, et au delà de l'hôtel se trouvaient des jardins. « Autant le bourgeois, les mar- » chands tenaient à participer à la vie journalière de la » rue (c'était d'ailleurs, pour la plupart d'entre eux, une » nécessité), autant le noble et le négociant enrichi, » menant un grand train, tenaient à se renfermer chez

---

(¹) Arnaud Calhau, maire de Bordeaux en 1260, me paraît être le père de celui-ci, qui eut un fils « Pierre Calhau, de rue Neuve », citoyen de Bordeaux, marié le 26 avril 1326 avec Jeanne du Souler, fille de Pierre du Souler, maire en 1283. Pierre Calhau avait été déjà marié en premières noces avec Navarra de Podensac, fille de Bertrand de Podensac. Navarra, femme de Pierre Calhau, fut enterrée dans le couvent des Frères mineurs, à Bordeaux (les Cordeliers). Son fils, Pierre Calhau, mourut peu de temps après sa mère et voulut être enseveli à côté d'elle, dans ce même couvent des Frères mineurs. Il fit son testament au château de Podensac, le 5 octobre 1325, et se qualifie Pierre Calhau, fils « deu senher en Pey Calhau, de *rua Neba, ciptadan de Bordeu* ». Voir le testament de Pierre Calhau le fils, dans le VII° volume des *Archives historiques de la Gironde*, p. 163. Testament extrait de la collection Doat, à la Bibliothèque nationale, et communiqué par M. Tamizey de Larroque.

(²) Elles furent supprimées par arrêt du Parlement du 30 mai 1753.

» eux, à vivre à la ville de la vie féodale, isolée, n'ayant
» pas de communications habituelles avec le dehors (¹). »

Le plus important des hôtels de la rue Neuve, celui dont les souvenirs sont le mieux conservés, était l'hôtel des du Soler ou Soley; il occupait l'emplacement des maisons aujourd'hui comprises entre les numéros 26 et 38. Les vastes jardins qui s'étendaient au nord-est de cet hôtel sont encore rappelés par le nom d'un carrefour, nom, à vrai dire, bien déformé de sa primitive orthographe et par sa prononciation : *le Puits des Cazeaux*, et qu'il faut rétablir dans sa rédaction primitive pour en comprendre le sens, la signification : *lou Puch* (²) *deus Casaus* (et non *Putz*, comme l'a écrit M. Leo Drouyn), ce que tous les Bordelais gasconnants traduiront : *la Colline des Jardins*. En effet, la partie la plus élevée de la rue Neuve n'est-elle pas sur le versant septentrional de la butte Saint-Michel, qui s'inclinait en pente douce jusqu'au Peugue, où se trouvait le pont Saint-Jean?

L'hôtel des du Soley était sans contredit la maison la plus importante de la rue Neuve. L'abbé Baurein est le premier de nos chroniqueurs qui en ait révélé tout l'intérêt historique dans ses *Recherches sur la maison des du Soley, anciens citoyens de Bordeaux;* mais, à l'époque où Baurein écrivait, l'hôtel n'était plus connu que sous le nom de « maison noble de Lalande ». « Son antiquité, dit-il, « est empreinte sur sa façade, on y voit des croi-

---

(¹) Viollet-le-Duc, *Dictionnaire d'architecture*, t. VI, p. 274.
(²) Puch, Puy. Pour la signification de ces noms, voyez le *Glossaire* de Du Cange, au mot *Podium*. Ce qui a fortement contribué à dénaturer le nom de ce carrefour, c'est l'existence d'un ancien puits placé près de la rue du Muguet, en avant de l'endroit où se trouve de nos jours une borne fontaine; ce puits, dit le Puits des Cazeaux, se voyait encore vers 1810, mais il a disparu comme tous ceux qui se trouvaient dans plusieurs quartiers du vieux Bordeaux. Il est nommé, à tort, dans un titre de 1400, *Putei-de-Casalibus*.

» sées anciennes qui ressemblent à celles des églises.
» Cet hôtel était beau et remarquable, pour un temps où
» toutes les maisons de Bordeaux étaient construites en
» bois, mais il l'était beaucoup plus par sa grandeur et
» son étendue; les cinq maisons suivantes, en descen-
» dant vers la chapelle Saint-Jean, en faisaient ancienne-
» ment partie et en sont un démembrement. »

Au XIV° siècle, cet hôtel avait été divisé entre les enfants de Gaillard de Rostanh et de Pierre du Soley (¹). C'est cette dernière partie qui entra par alliance dans la famille des barons de Lalande.

Jusqu'en l'année 1856, apparaissaient encore les restes de l'ancien hôtel Lalande, avec ses grandes croisées, style du XV° siècle, dépourvues des meneaux qui divisaient autrefois les baies; les moulures des chambranles étaient très frustes et dégradées; à la base de la façade se voyaient les traces d'ouvertures ogivales depuis longtemps fermées; à la suite, en remontant la rue, venait une haute muraille percée d'un arceau donnant accès dans une cour; cette entrée et cette clôture avaient été diminuées de leur élévation primitive. D'après une tradition, que des vieillards racontaient encore il y a cinquante ans, au faîte de l'ancienne muraille, se voyaient en suspens quelques anneaux de chaînes rouillées, et si des condamnés, venant du château de l'Ombrière ou des prisons de l'hôtel de ville, pouvaient saisir ces chaînes au passage, ils obtenaient de ce fait la liberté. Cette tradition devait s'appuyer sur les droit de grâce et

(¹) Cette division a dû se faire après la mort de Pierre du Soley, maire de Bordeaux en 1283, et dont la fille Jeanne épousa Pierre Calhau, en 1326. La division de l'ancien hôtel est indiquée par une ruelle ou impasse privée, rue Puits-des-Cazeaux, mais qui, primitivement, était ouverte jusque dans la rue Neuve, comme l'indique irrégulièrement M. Leo Drouyn, dans son *Plan de la ville de Bordeaux vers 1450*.

d'asile attachés à l'hôtel de Lalande, comme il en a été déjà question et dont il sera plus amplement parlé.

Dans les dernières années de son existence, l'hôtel Lalande, à l'état de ruine, était habité par des charretiers et des portefaix venus du pays d'Auvergne; le rez-de-chaussée était occupé par des écuries, et dans la cour remisaient des charrettes. Un large escalier de pierre conduisait à de vastes appartements, avec plafond à poutrelles apparentes, et le tout était fort délabré. L'hôtel avait dû subir de grands changements au xvii° et au xviii° siècle. A la suite du corps de logis formant le fond de la cour, se trouvait encore un jardin où se récoltait, d'après les souvenirs de personnes anciennes, une barrique de vin. En 1857, une maison nouvelle (n° 36), à trois étages et quatre croisées de façade, remplaça le vieil hôtel Lalande, et sur l'emplacement de la cour furent construits de vastes magasins (n° 38); le tout est occupé de nos jours par de notables négociants.

Maintenant que le caractère et les transformations de l'ancien hôtel ont été décrits, voici les noms de ses premiers possesseurs, ou de ceux dont les souvenirs se rattachent à cette antique demeure.

Les documents les plus anciens, qui parlent de la famille des du Soler, datent du xiii° siècle. Dès 1237, Rostang du Soler était maire de Bordeaux; il avait eu pour prédécesseur Pierre Calhau, et Jean de Colomb lui succéda [1].

---

[1] Rostainc, Rostang ou Rostanh du Soler, devint de nouveau maire en 1241 et sénéchal de Gascogne; il intervint dans un traité entre le vicomte de Fronsac et la commune de Saint-Émilion. (Guinodie, *Histoire de Libourne*, t. III, p. 65. — Sansas, *Les Origines municipales de Bordeaux*, p. 26.) Les Soler, les Calhau, les Colomb étaient les plus riches bourgeois de Bordeaux, leur influence était des plus étendues dans la Guyenne et dans toute la Gascogne, où ils possédaient de vastes domaines sur lesquels ils exerçaient des droits seigneuriaux. Rien ne fera mieux concevoir leur immense fortune que le contrat de mariage qui réunit à la famille

A propos de ces noms, liés intimement aux annales de la rue Neuve, il est utile de faire observer combien nos chroniqueurs et l'historien Dom Devienne ont passé sous silence des faits des plus curieux et des plus intéressants pour l'histoire de Bordeaux. Si jamais la Ville eut une réelle autonomie, une vitalité personnelle plus grande, c'est bien certainement au XIII° siècle, sous l'administration de ces premiers maires bordelais, qui réunissaient dans leurs mains les pouvoirs civil, judiciaire et militaire; qui percevaient les impôts, levaient des troupes de guerre, concluaient des alliances. « Les « maire et jurats finirent par exercer presque tous les » pouvoirs de chef d'une république indépendante (¹). » Il ne s'agit pas ici de les juger au point de vue restreint de leur domaine, en raison du nombre d'habitants placés sous leur gouvernement, mais de constater leur toute-puissance. Ceci bien établi, on comprend alors que les rois d'Angleterre, de France, et de Castille devaient compter avec les maires de Bordeaux, et tenir beaucoup à leur amitié. Aussi, la haute magistrature municipale était-elle l'objet des convoitises des grandes familles qui s'enorgueillissaient des titres de citoyen, de bourgeois de Bordeaux, et, par leur haute influence, divisaient la ville en deux camps; de là, des compétitions tumultueuses et parfois des luttes armées, à la tête desquelles se trouvent fréquemment les du Soler et les Colomb. Mais, à propos de cette première période de notre administration municipale, quelques réflexions générales ont ici leur place.

Calhau celle des Soler, au XIV° siècle. (Voir les *Archives historiques de la Gironde*, t. XXVI, p. 320.) Un Guillaume Raymond Colomb était maire de Bordeaux en 1290.

(¹) *Essai sur l'administration municipale de Bordeaux sous l'ancien régime*, par M. H. Barckhausen, p. 26.

« L'origine du grand mouvement du xii° siècle, ce qu'on
» est convenu d'appeler d'un nom beaucoup trop mo-
» deste : *l'affranchissement des communes*, et dont on fait
» honneur à Louis le Gros », reste plongée dans la plus
profonde obscurité, malgré les beaux travaux de nos
grands historiens modernes : Sismondi, Augustin Thierry,
Guillaume Guizot. En Guyenne, état complètement libre
sous des ducs, apparaissent pour la première fois, au
xii° siècle (1), les traces, la mention d'une administration
locale ; mais il résulte de l'étude patiente de nos meil-
leurs analystes (2) qu'il ne s'agit, dans tous les actes qui
ont trait au corps communal, que d'une confirmation et
non d'une fondation de premier jet. Ce qui m'a toujours
frappé, c'est que jamais cette administration ne fut
plus forte, n'eut des prérogatives plus étendues, qu'au
xiii° siècle. Or, en toutes choses, il n'est pas naturel de
débuter par une situation pleine de prospérité ; tout sys-
tème administratif a des origines modestes.

L'ancienneté de notre constitution communale ne s'ex-
pliquerait-elle pas, à l'aide des observations de MM. Augustin Thierry, Martial et Jules Delpit? « Dès la dernière
» moitié du xi° siècle, les documents historiques présen-
» tent, pour la première fois, des villes constituées en
» communes ; mais ces documents sont trop incomplets
» pour qu'on puisse dire en quel pays cette grande révo-
» lution a pris naissance.... *Ce mouvement avait son foyer*

---

(1) En France, le pouvoir royal ne régissait réellement qu'une très petite partie du pays actuel, entre la Somme et la Loire. (A. Thierry, p. 253.)

(2) Baurein, Marie de Saint-Georges de Montmerci, Jules Delpit, H. Barckhausen, Sansas. Ce dernier a publié en 1861, d'après le livre des *Coutumes*, dans les *Actes de l'Académie de Bordeaux*, la liste des maires, à partir de 1217, date de leur origine connue (car l'on ignore celle de la charte de fondation de notre mairie), jusqu'en 1297.

»,partout où subsistaient, depuis le temps des Romains,
» d'anciennes villes municipales (¹).

A propos de la constitution bordelaise de 1204, M. Martial et M. J. Delpit font observer que « les magis-
» trats préposés à l'administration de la ville de Bordeaux
» étaient autant les officiers du Roi que les fonctionnaires
» de la cité; et cependant, à côté de cette preuve flagrante
» des empiétements de la royauté, *bien des traces de l'an-
» cienne organisation, qui devait remonter jusqu'au temps
» de la domination romaine, subsistent encore* (²). »

Et lorsque les rois d'Angleterre ou de France devinrent tour à tour les suzerains de la Guyenne, ils ne détruisirent point la commune, comprenant que « la raison
» d'État devait faire respecter des privilèges qu'il eût été
» dangereux d'attaquer violemment, mais qui furent
» minés à la longue et pour ainsi dire démolis pièce à
» pièce (³). »

C'est donc à la belle période des maires de Bordeaux, à l'époque de leur plus haute puissance, que fonctionnèrent les Soler, les Colomb et les Calhau, citoyens et bourgeois de la rue Neuve.

Pour mieux faire comprendre quels étaient alors l'état politique de la Ville, ses agitations intestines et le rôle prépondérant de certains personnages qui tenaient à la fois au commerce, à la finance, et s'alliaient à la noblesse de Guyenne, quelques citations sont nécessaires.

Ce n'était pas un mince titre que celui de bourgeois de Bordeaux (⁴). « Dans les anciennes villes du midi de la

---

(¹) *Lettres sur l'histoire de France*, 1829, p. 270.
(²) *Manuscrit de la bibliothèque de Wolfenbuttel*, p. 65.
(³) *Lettres sur l'histoire de France*, p. 264.
(⁴) « Accoutumés par les habitudes paisibles de notre civilisation à voir dans le nom de bourgeois l'opposé de celui de soldat, nous avons peine à comprendre ces héros de l'industrie renaissante.... qui faisaient trembler

France, où s'étaient conservées en grande partie les institutions romaines, le titre de *bourgeois* équivalait au *civis* des Latins et assurait de grands privilèges aux citoyens qui en étaient honorés : aussi, n'était-il point aisé de prendre place parmi eux et il n'y avait pas dans la contrée de seigneur de haut parage qui n'aspirât à faire partie de ces notables. Les rois d'Angleterre sentaient si bien l'importance du titre de *bourgeois* de Bordeaux, que, tout en se laissant aller parfois à le conférer à un familier, à un garde du corps, ils firent tous leurs efforts pour empêcher ceux de leurs vassaux qui n'avaient pas encore cette qualité de l'acquérir : « Aucun seigneur ne pourra devenir bourgeois de Bordeaux, sans une permission expresse du Roi, » portait un des principaux articles de la réformation de la constitution octroyée aux habitants de cette ville par Édouard, fils aîné de Henri III, dans la seconde moitié du XIIIe siècle. « Ils se souvenaient des troubles
» survenus à la suite de discussions entre le maire Pierre
» Calhau (en 1235), et Henri de Trubleville, sénéchal de
» Gascogne (1). »

En 1261, parut l'ordonnance pour la réformation de la commune de Bordeaux. Dans cette ordonnance, se trouve un article qui confirme le jugement rendu par le Roi, en 1252, entre deux partis de citoyens : « Galhar-
» dum Columbi et amico ejus, ex unâ parte, et Gal-
» hardum de Solerio et amico ejus, ex alterâ. » Le texte de ce jugement n'a pas été retrouvé, mais les savantes recherches de M. Jules Delpit, dans un manuscrit de la

---

jusque dans leurs donjons les fils des nobles et des preux, quand le son du beffroi annonçait au loin que la commune allait se lever pour la défense de ses franchises. » (A. Thierry, *Lettres sur l'histoire de France*, 1829, p. 419.)

(1) *Rôles gascons*, par Francisque Michel, 1885, p. xv. — Baurein, *Recherches concernant le pays bordelais* (édition G. Méran, t. IV, p. 340).

bibliothèque de Wolfenbuttel, lui ont permis de tracer un tableau curieux de l'état politique de notre ville en plein moyen âge. Voici comment il s'exprime à l'égard de ces grands bourgeois : « A l'exemple des villes d'Italie,
» Bordeaux était, à la fin du XIII° siècle, agité par des
» dissensions intestines. Les citoyens étaient partagés en
» deux factions, qui, comme dans les républiques ita-
» liennes, prenaient chacune le nom de leur chef prin-
» cipal. Les deux familles qui divisaient la cité étaient
» les Colomb et les Soler, et les deux partis s'intitulaient
» *Colombenses* et *Solerienses*, *Colombini* et *Solerini*. La
» paix, rétablie par le jugement de Henri III, ne remédia
» pas au mal et fut de courte durée. Nous voyons, en
» effet, qu'en 1273 douze des principaux citoyens de
» l'une des deux factions, à la tête desquelles est Ama-
» nieu Colomb (¹), se sont soustraits à la faction opposée
» pour se placer sous la juridiction du sénéchal; ils disent
» avoir pris cette mesure du consentement exprès du
» roi d'Angleterre et pour le temps qu'il leur plaira; ils
» déclarent ne renoncer à aucune des libertés ou fran-
» chises dont jouissent les autres citoyens de Bordeaux :
» ces droits, disent-ils, leur ont été garantis par le Roi,
» et ils se reconnaissent tenus aux mêmes redevances
» que leurs concitoyens (²). »

Cette déclaration prouve le haut prix que les Colomb attachaient à leur qualité de citoyen, et ce n'était que

---

(¹) Amanieu Colomb, fils de Pierre Colomb, avait été maire de Bordeaux en 1252.

(²) Martial et Jules Delpit, *Notice d'un manuscrit de la bibliothèque de Wolfenbuttel*, page 66 : « Ces luttes, ces dissensions se prolongèrent
» à Bordeaux jusque vers la fin du XIV° siècle. Les deux partis furent tou-
» jours les mêmes; mais l'un d'eux changea de nom, et l'influence de la
» famille Calhau remplaça celle de la famille Colomb. De là, le nom de
» *Calharenses* donné à ce parti, dans la suite de sa lutte avec les *Sole-*
» *rienses.* »

pour se soustraire à la juridiction de leurs adversaires qu'ils se plaçaient sous la protection des rois anglais, tout en se réservant de pouvoir revenir à la tête de l'administration bordelaise, suivant le succès de leurs partisans. Les termes de cette déclaration démontrent encore la prépondérance de ces grands bourgeois de Bordeaux. Et l'on comprendra que la politique des rois anglais avait intérêt à favoriser ces dissensions intestines, en flattant et soutenant tour à tour la faction qui pouvait le plus les aider à maintenir la ville sous leur obéissance. Quoi de surprenant alors que les familles des Colomb, des Calhau et des Soler fussent de pair avec les plus illustres de la Guyenne?

Pour faire apprécier l'importance des bourgeois bordelais et leur influence, nous citerons encore le fait suivant: Au mois de septembre 1256, Gailhard de Soler, citoyen et bourgeois de Bordeaux, dont la famille, comme nous venons de le voir, donna son nom à l'un des partis qui divisaient la ville, jure sur les saints Évangiles à Édouard, fils aîné du roi d'Angleterre, de lui garder sa foi et de lui rendre tous les services qu'il lui doit... Il s'oblige, sous peine de la perte de son corps et de ses biens présents et à venir, à ne contrevenir, ni par parole, ni par action, à aucune de ses promesses. La formule qui contient cette dernière disposition est remarquable : « Galbard de Soler insiste sur sa déclaration et renonce » à une partie des privilèges des citoyens de Bordeaux, en » consentant à être cité devant la cour de Gascogne, s'il » manque à sa parole; à être condamné comme contu- » mace, s'il n'y comparaît pas, et même à voir ses biens, » meubles et immeubles confisqués et attribués au Roi par » ce jugement (1). »

(1) En 1767, l'abbé Baurein lut à l'Académie de Bordeaux un mémoire intitulé : *Recherches sur l'ancienne famille du Soley, citoyen de Bor-*

Les promesses de Galhard de Soler furent garanties par seize des plus puissants chevaliers de Guyenne, qui le cautionnèrent pour des sommes considérables. Parmi ces seigneurs, se trouvaient Pierre Calhau, Jean Colomb et Pierre de Bordeaux : les uns pour cent marcs sterling et les autres pour deux cents marcs (1).

Ce fut surtout à l'époque où les familles des Soler et des Calhau étaient au plus fort de leurs rivalités, peu d'années après la bataille de Taillebourg, gagnée par Louis IX sur Henri III d'Angleterre, qu'eut lieu la venue en Guyenne de Simon de Montfort, comte de Leicester, en qualité de gouverneur de la Gascogne et du Bordelais. Pendant six ans, il parcourut la province non en administrateur bienveillant, mais en redresseur énergique et sanguinaire des rébellions, des disputes armées des partis et de l'esprit d'indépendance que le bien-être des puissants de l'époque avait fait naître; en un mot, il s'était chargé de réduire la province gasconne sous le pouvoir de Henri III, en employant, tant à l'égard des nobles que des bourgeois, la plus grande rigueur (2). Les excès de Simon de Montfort finirent cependant par lui

---

deaux. Ce mémoire, fort curieux, a été publié dans le *Bulletin polymathique* en 1811, page 70. Baurein, pour son travail, s'est en grande partie servi des *Actes de Rymer* (Thomas), historien anglais, né en 1638, mort en 1713. Son ouvrage se compose de vingt volumes in-folio, comprenant l'histoire d'Angleterre de 1101 à 1654. Voir le *Manuscrit de Wolfenbuttel*, p. 68.

(1) *Manuscrit de Wolfenbuttel*, pages 69, 70. Amanieu de Colomb et son fils contribuèrent par leurs libéralités à l'établissement à Bordeaux du couvent et monastère des Jacobins, en 1230, et Pierre de Bordeaux, qui se prétendait issu de la famille de saint Paulin, fut le fondateur du couvent des Cordeliers, en 1217. (*Chronique de de Lurbe*, p. 16.)

(2) Voir dans l'ouvrage de M. Charles Bemont, *Simon de Montfort*, des détails sur l'émeute qui eut lieu le 28 juin 1249, entre la porte Bégueyre et la place du Vieux-Marché, où se trouve aujourd'hui le carrefour formé par l'entre-croisement du cours d'Alsace-et-Lorraine et la vieille rue du Pas-Saint-Georges.

aliéner tout le pays et, finalement, le Roi, qui lui retira tout pouvoir et donna le gouvernement de Guyenne à son fils aîné, le prince Édouard. « Ceux qui se montrèrent » le plus dans les troubles suscités par la venue de Simon » de Montfort, et le combattirent parfois avec succès, » furent Rostanh, Guillaume et Gailhard du Soler, qui » formaient la maison la plus puissante de Bordeaux, » territorialement et commercialement (1). Rostanh était » maire en 1281; il avait obtenu en 1274 l'autorisation du » sénéchal de Gascogne de combattre Pierre Calhau dans » un duel judiciaire qui eut lieu à Libourne. Calhau avait » choisi les armes de chevalier. » (*Archives historiques de la Gironde*, t. III, p. 172.)

Paul de Rapin-Thoyras (2), dans son *Histoire d'Angleterre*, rapporte que ce prince voulait conférer, en 1281, à Raymond du Soler toutes les justices seigneuriales qui appartenaient à la noblesse de Gascogne. Assurément, ce n'était point à titre gratuit que le prince faisait une si large concession; du Soler devait, en retour, mettre au service d'Édouard son influence politique et surtout sa grande puissance financière, ce qui justifie la qualification de Jacques Cœur, d'argentier du Roi, à ce richissime bourgeois bordelais de la rue Neuve, qui possédait des terres immenses, des Landes de Belin aux limites extrêmes du pays de Born, sans compter les nombreux fiefs dont il était possesseur dans les environs de Bordeaux.

Pour les Colomb et les Calhau, je ne puis mieux expo-

(1) L'abbé Baurein, *Recherches concernant Bordeaux*, page 223, et surtout les *Actes de Rymer*. H. le Despenser est plusieurs fois cité dans les *Rôles des catalogues gascons*, il appartenait à l'une des plus grandes familles de l'Angleterre et les Rois le chargèrent souvent de missions importantes.

(2) Rapin-Thoyras (Paul de), né à Castres le 25 mars 1661, mort à Wesel (Hollande) le 6 mai 1723, où il publia son *Histoire d'Angleterre*. La Haye, 1724, 8 vol. in-4°.

ser le rôle important qu'ils jouaient sous la domination anglaise qu'en retraçant la triste situation où se trouvait alors la ville de Bordeaux, d'après une lettre que Jean Colomb et Bertrand Calhau écrivaient, en 1326, à Hugues le Despenser (¹). Dans cette lettre, ils lui rendent compte de l'état déplorable dans lequel ils ont trouvé la Guyenne au retour d'un voyage qu'ils venaient de faire en Angleterre : partis de *Portemus* (probablement Portsmouth), ils sont arrivés à Bordeaux onze jours après ; ils ont trouvé la population très effrayée, surtout les amis du Roi et les Gascons, qui se préparaient à quitter la ville à cause de la nouvelle qui avait été répandue que le Roi devait livrer le duché sous quarante jours : « Leur arrivée a produit une vive joie ; les rebelles ont fait de graves dommages au Roi et aux honnêtes gens. En une heure, sur quatre ou cinq points différents de la ville, ils ont tué plusieurs personnes et volé environ 40,000 francs bordelais ; dans un hôtel de la ville, ils ont tué le maître, sa femme, ses enfants et ses domestiques et ont volé 1,000 francs. Tous ces crimes sont restés impunis. » Colomb et Calhau font l'éloge de Guilhem de Beauchamp (²), qui s'est bien conduit.

Au milieu de tant de troubles et d'agitation, on a peine à concevoir dans quel état se trouvaient les classes laborieuses, au XIIIe siècle. Cependant, des travaux contemporains des temps que nous étudions prouvent l'habileté, la supériorité même, de certaines corporations. Arrêtons-nous à l'entrée de nos anciennes églises, devant ces vieux portails à date certaine de la primatiale Saint-

---

(¹) La lettre originale, extraite des Archives de l'Échiquier, à Londres, a été publiée par M. Jules Delpit : *Documents français qui se trouvent en Angleterre*, p. 59.

(²) Guilhem de Beauchamp devait être alors un sénéchal de Gascogne ; il occupa la capitainerie de Calais et des emplois élevés sous les rois d'Angleterre.

André ou du porche méridional de la collégiale Saint-Seurin (¹), et demandons-nous si nos architectes et nos sculpteurs feraient beaucoup mieux aujourd'hui, *surtout au point de vue du sentiment, du caractère et de l'ensemble de l'œuvre?* Parmi tous ces industriels se trouvaient de vrais maîtres, dont nous ne saurons jamais les noms; ils nous ont laissé des témoignages non équivoques de leur grande habileté, de leur goût dans l'ornementation, de leur véritable sens artistique : ces travaux accomplis simplement, sans bénéfices d'argent ni de gloire, et qu'on ne soupçonnerait jamais avoir été faits au bruit de nos discordes civiles ou d'un état de guerre continu.

Cette réflexion sur nos anciens monuments de Bordeaux nous en suggère une nouvelle : c'est de remettre en mémoire l'état de notre ville en ce vieux temps. Elle avait, en dehors de son enceinte, l'aspect d'une vaste résidence féodale, flanquée de tours rondes ou carrées, et dont la cité de Carcassonne, dans une situation plus pittoresque, il est vrai, peut seule nous donner approximativement une idée. Aux approches de ses remparts, deux faubourgs commençaient à se peupler et faisaient prévoir leur importance future; au nord-ouest, Saint-Seurin, avec sa collégiale entourée de ruines gallo-romaines importantes et de groupes de maisons rurales plus ou moins isolées; au sud-est, l'antique monastère Sainte-Croix et

(¹) Cette porte, sur laquelle on lit la date 1207, et qui m'a toujours paru avoir été remaniée, n'en est pas moins une œuvre d'art du xiii⁰ siècle très intéressante. Au moment où nous écrivons, des travaux de restauration viennent de remettre en lumière l'ancienne porte de la cathédrale au xiii⁰ siècle, dite *Porte royale*. Malgré son enfouissement dans le sol (1ᵐ60 du seuil intérieur de l'ancienne nef au niveau du trottoir), elle présente, dans ses détails, dans ses dispositions générales et surtout dans la statuaire qui la décore, des témoignages irrécusables d'une véritable science.

l'ancienne église Saint-Michel, autour de laquelle se formait un nouveau quartier, à l'humeur batailleuse et mercantile, qui devait être bientôt la partie la plus vitale, la plus énergique de la ville, et le centre du mouvement commercial (¹). De loin apparaissaient, au-dessus des créneaux, des tours et des courtines de la cité, les clochers fortifiés de Notre-Dame-de-Puy-Paulin, de Saint-Pierre, Saint-Éloi, Saint-André, car il n'était pas encore question d'élever sur nos églises ces flèches élancées qui n'apparurent, au midi de la France, que vers la fin du XIV⁰ siècle et surtout au XV⁰. Pour le port, tout son mouvement fluvial se bornait à des transports sur le haut de la Garonne ou de la Dordogne; les plus lointains voyages maritimes avaient pour but les côtes d'Espagne et de la Méditerranée, les pays du Nord et l'Angleterre.

Mais ce n'est pas tout que de placer sous les yeux du lecteur l'aspect physique de Bordeaux, pour bien l'identifier avec les temps que nous étudions; pour compléter jusqu'à la fin du XIV⁰ siècle le tableau de la province de Guyenne, il faut joindre à l'exposé des luttes intestines de la cité bordelaise celles des guerres nationales causées par la mort de Charles le Bel. Édouard d'Angleterre, petit-fils par sa mère de Philippe III, et Philippe de Valois, fils de Charles, se disputaient le trône de France. Tout le Poitou, la Saintonge et la Gascogne furent ravagés, et parmi tant de douloureux faits d'armes, où les partis éprouvaient des alternatives de succès et de revers, eut lieu la désastreuse bataille de Crécy. Peu après, mourait Philippe VI. Jean II, son fils, lui succéda et reprit

(¹) Vers 1305, au moment de l'élection à la papauté de l'archevêque gascon Bertrand de Goth, sous le nom de Clément V, de nouveaux remparts s'élevèrent et comprirent dans leur enceinte les faubourgs Sainte-Eulalie, Sainte-Croix et Saint-Michel.

les hostilités avec le fameux prince de Galles, si connu sous le nom de Prince Noir. Cette nouvelle période de combats eut pour événement principal la bataille de Maupertuis, près de Poitiers. Le roi Jean de France y fut fait prisonnier et conduit à Bordeaux, où il passa l'hiver au palais de l'archevêché.

Conduit en Angleterre, le Roi ne recouvra la liberté qu'après avoir signé le déplorable traité de Brétigny. C'est à cette époque que le Prince Noir (ainsi nommé de la couleur de son armure) reçut de son père la province de Guyenne à titre de principauté et vint se fixer à Bordeaux. Il prit pour son grand-sénéchal Jean Chandos et séjourna onze ans dans notre ville, avec toutes les immunités de l'autorité souveraine, sous la redevance d'une once d'or (1).

Sous l'administration du Prince Noir, Bordeaux vit s'achever l'abside de la cathédrale Saint-André, par suite de l'influence de l'archevêque Bertrand de Goth, devenu pape sous le nom de Clément V (2).

Nous n'avons pas à nous occuper ici des guerres de Castille et de Bretagne, des démêlés pour la succession d'Alphonse ou de ceux de Jean de Montfort et de Charles de Blois; il suffira de rappeler que, dans ces grands faits historiques, figure le nom de du Guesclin, qui contribua plus tard si vaillamment au relèvement de la France, qu'avait bien affaiblie le traité de Brétigny. Le succès des armes de Charles V fut d'autant mieux servi que le prince de Galles était souffrant, et, jointe au mauvais état de sa santé, la mort de son fils aîné, à Bordeaux, l'engagea à la retraite. Édouard abandonna la Guyenne après avoir établi son oncle Jean de Lancastre comme

(1) Dom Devienne, *Histoire de Bordeaux*, p. 60.
(2) Sa statue décore le pilier central de la porte nord.

son lieutenant général, et mourut en 1376. Mais déjà plusieurs seigneurs gascons se ralliaient à la France et payaient de leur tête cet acte de sympathie, entre autres Guillaume de Pomiers, seigneur de Fronsac, et Jean de Colomb, soupçonnés d'être partisans des Français, et qui furent exécutés sur la place de l'Ombrière, aujourd'hui place du Palais (1).

A la mort d'Édouard III, le second fils du prince de Galles, Richard II, né à Lormont, près de Bordeaux, succéda à son grand-père. Il confirma le duc de Lancastre comme lieutenant général de la Guyenne, et voulut l'investir de la souveraineté qu'avait exercée le Prince Noir, mais il ne put le faire, vu l'opposition vigoureuse des Bordelais. En 1398, le duc de Lancastre mourait également à Bordeaux. Son fils, le comte de Derby, duc de Hereford, après avoir pris possession de la lieutenance de la Gascogne, partit pour l'Angleterre, où il trouva tout le pays en insurrection contre Richard, qu'il chassa du trône.

Alors, le fils de Lancastre, lieutenant général de la Guyenne, devint roi d'Angleterre sous le nom de Henri IV, et Richard mourut tragiquement, accablé par les malédictions et la haine des Anglais, mais inspirant de vifs et douloureux regrets aux Bordelais, ses compatriotes, dont il avait confirmé les privilèges (2). Avec la mort de Richard II, nous arrivons à la fin du XIVe siècle.

II

Vers la fin du XIVe siècle disparaissent de l'histoire de Bordeaux, les Soler, les Calhau et les Colomb ; mais les

---

(1) *Chronique bordelaise de de Lurbe*, 1376, page 20 v°.
(2) Voir le *Livre des Bouillons*, page 182, et la *Chronique de de Lurbe*, page 22.

temps qui vont suivre fourniront plusieurs noms bordelais dont la rue Neuve, peut, à bon droit, s'enorgueillir. Disons d'abord que le xv° siècle est un des plus remarquables du moyen âge, car, bien que le pays se couvrît alors de ruines et de sang, deux faits d'une immense portée se produisirent : la découverte de l'Imprimerie, vers 1440, et celle de l'Amérique, en 1492. C'est aussi dans le milieu du xv° siècle que les armées victorieuses de Charles VII réunirent définitivement la province de Guyenne à la France et préparèrent l'affermissement de notre unité nationale. Au nombre des députés guyennois qui, le 12 juin 1440, signèrent le *Traité pour la reddition de la ville de Bordeaux et pays de Guyenne, sous la domination du roi de France*, se trouvent Pierre Berland, l'archevêque devenu si populaire et dont le clocher, qui conserve son souvenir et son nom, se construisait en ce moment; Bertrand, seigneur de Montferrand; Gaillard de Durfort, seigneur de Duras; Guillaume de Lansac; Pierre du Bouscat et Jean de Lalande, seigneur de La Brède, baron de Lalande en Bordeaux, dont les descendants possédèrent, jusqu'au xix° siècle, le vieil hôtel des du Soler. C'est surtout à partir du rétablissement de la domination française que la famille de Lalande occupe un rang élevé dans l'histoire de Bordeaux. Sa résidence habituelle de ville fut, dès ce temps, son hôtel de la rue Neuve, résidence qui se continua jusque vers le xvii° siècle. Dans le siècle suivant, l'un des barons de Lalande habitait le château de Versailles, en qualité de gentilhomme de la maison du Roi (¹). Du reste, pour prouver l'importance

---

(¹) En 1782, monseigneur Emeric-Joseph de Durfort de Civrac, chevalier des ordres du Roy, comte de Blaignac, marquis de Civrac, baron de la baronnie de Lalande en Bordeaux, demeurait au château de Versailles. Aux Archives départementales de la Gironde se trouve la copie d'une prode cette ancienne famille, il suffira de reproduire quelques extraits de l'aveu rendu au roi Louis XIV, le 12 août 1682, par Jacques de Durfort (1).

« Adveu et dénombrement des biens nobles, droits et
» debvoirs seigneuriaux, dépendans de la baronnie de
» Lalande scituée en la ville de Bordeaux, rue Neuve,
» paroisse Saint-Michel, que met et baille, par devant
» vous nos seigneurs les présidens trésoriers de France,
» généraux des finances de Guyenne, commissaires
» députés pour le Roy et pour recevoir les foy et hom-
» mages deus à Sa Majesté, à cause de la duché de
» Guyenne.

» Haut et puissant seigneur, messire Jacques de Dur-
» fort, chevalier, seigneur marquis de Civrac, comte de
» Blaignac, captal de Buch, seigneur de Certes, baron de
» ladite baronnie de Lalande, sénéchal et gouverneur du
» Bazadais, et ce, en conséquence de l'hommage que
» ledit seigneur a rendu devant vous, nos seigneurs, à la
» charge toutefois d'y pouvoir augmenter ou diminuer,
» si besoin est :

» Premièrement, en la ville de Bordeaux, les auteurs
» dudit seigneur *ont possédé* en propriété un hôtel noble,
» grand, couvert à tuilles, entouré de murailles hautes
» et longues, avec un vergier à treilles, estant par derrière,
» assis en la paroisse de Saint-Pierre de Bordeaux, vul-
» gairement et communément appelé l'hôtel de Lalande (2),

curation à terrier, qui constitue procureur général et spécial Me Pierre Brun, conseiller du Roi, notaire à Bordeaux, pour régir la baronnie de Lalande.

(1) Cet aveu fut fait, au nom du baron de Lalande, par Me Bertrand Lacombe, juge du comté de Blaignac, « estant de présent en ceste ville de Bordeaux, logé à l'hôtel de Lalande, rue Neuve. » (Archives nationales, Dénombrement des fiefs, n° 78.)

(2) Cet hôtel s'appelait primitivement de *Beguey*, d'*Alhan*, puis de *Lansac*; il a été démoli en 1868, pour le prolongement de la rue des Bahutiers

» joignant et près le château royal de l'Ombrière, à cause
» duquel les auteurs dudit seigneur avoient leurs entrées,
» issues et exercices, de nuit et de jour, tant pour eux que
» pour leurs familles, au dit château royal de l'Ombrière ;
» laquelle ditte maison avec ses appartenances a été baillée
» à fief nouveau par le seigneur de Lalande, à honorable
» homme Bernard de Garros, comme appert par le con-
» trat de baillette du dernier juin 1442, signé Pinelly.....

» Plus, appartient au dit seigneur le droit de la prévôté
» de la monnoye, avec neuf livres tournois sur le *bourdon-*
» *nage* que le Roy, nostre dit seigneur, prend sur les pelle-
» rins de Saint-Jacques, qui se paye au prieuré Saint-Jean (¹).

» Plus, en la ditte ville de Bordeaux, le dit seigneur a
» un autre hôtel noble, vulgairement et communément
» appelé l'*Hôtel du Soleil* et, à présent, l'*Hôtel de Lalande*,
» par la fréquentation et demeure qu'y ont faites les dits
» seigneurs de Lalande, sis en la paroisse Saint-Michel de
» Bordeaux, en la rue appelée rue Neuve (²) ; auquel hôtel,
» sur le derrière, il y a un jardin garny de treilles, aussy
» une ruette appartenant au dit hostel et, au devant du dit
» hostel, il souloit avoir (c'est-à-dire, il y avait autrefois)
» une petite chapelle, sans voûte, regardant sur le dit
» vergier ; aussi a plusieurs chambres, salles, caves, pri-
» sons hautes et basses. Lequel hostel, avec les dites

au cours d'Alsace-et-Lorraine. Les Lalande n'ont possédé cet hôtel que
jusqu'au XVᵉ siècle, d'après l'aveu ci-dessus, dont il n'est point question
dans *Bordeaux vers 1450.*

(¹) Ce prieuré, plus connu sous le nom de chapelle Saint-Jean, était
placé sur le bord du Peugue, au bas de la rue Neuve.

(²) Bien que je rende pleine justice au beau travail de M. Leo Drouyn,
dans son livre intitulé : *Bordeaux vers 1450,* je dois signaler une erreur
sur le plan de la ville qui accompagne son ouvrage. Ce n'est pas vis-à-vis
de la ruelle Carles, d'une part, et de l'autre, la rue de Sarlat, puis de
Montaigne et de nos jours une impasse, que se trouvait l'hôtel de Lalande,
mais attenant à la ruelle allant autrefois du carrefour du *Puy deu
Caseau* à la rue Neuve et qui est maintenant une impasse privée.

» appartenances et dépendances; droits, prééminences,
» prérogatives, franchises, reveneus et devoirs dont, cy
» après, sera fait mention, comme appert par ledit
» dénombrement que messire Louis de Beaumont en a
» cy-devant baillé et aussi dame Magdeleine Durfort de
» Civrac, princesse de Courtenay, comme possesseurs de
» laditte baronnie.

» Premièrement, ledit seigneur dit que ses auteurs sei-
» gneur de ladite baronnie de Lalande, par une longue et
» ancienne coûtume ont droit, de tous tems accoutumé,
» toutefois et quand que le Roy nostre dit seigneur veut
» leur armée et mande les habitans, citoyens, maire et
» soubs maire de Bordeaux, le seigneur de Lalande doit
» porter la bannière carrée de ladite ville de Bordeaux et
» lui doivent fournir, ceux de la ditte ville, des chevaux
» pour porter la ditte bannière. Comme aussy, a droit
» ledit seigneur ou dame de Lalande, une fois en sa vie,
» que lors qu'aucun criminel a esté jugé, de le requérir et
» garder de mort. De plus, ledit seigneur ou dame de
» Lalande, a droit de franchise en son dit hostel du
» Soleil, appelé de Lalande, sis en ladite rue Neuve, tel
» que sy une personne a commis un crime ou autre cas,
» pour raison duquel il doive prendre franchise, n'est
» permis à nul sergeant, officier du Roy, ny de la Ville,
» ny autre, prendre ledit criminel ny le tirer hors ledit
» hostel, tant qu'il sera dans icelluy. » A l'énoncé de ces
droits seigneuriaux, il faut ajouter, d'après l'aveu de
1682, les rentes de froment que payait l'abbaye Sainte-
Croix, pour raison de certain échange fait entre l'abbé et
religieux de ce monastère et les prédécesseurs seigneurs
de Lalande, d'un moulin situé en la paroisse de Bègles,
sur l'Eau-Bourde; le droit de péage sur tout le sel qui se
transportait de Bordeaux à Toulouse et dans le Haut Pays

de Gascogne (¹); les redevances dues par deux cent cinquante-huit immeubles situés dans soixante rues de Bordeaux ; enfin, des rentes agraires étaient perçues sur des tenanciers habitant les paroisses Sainte-Eulalie, d'Ambarès, Caudéran, Quinsac, Cadaujac, Le Bouscat, La Brède et autres lieux. L'analyse de cette déclaration démontre toute l'importance qu'avait, du xvᵉ au xviiᵉ siècle, la maison et baronnie des seigneurs de Lalande en Bordeaux.

Les grandes immunités dont jouissait cette famille m'engagent à rappeler sommairement les noms de ses membres qui se rattachent à l'histoire de notre cité. Le plus anciennement connu est Gailhard de Lalande, possesseur, en 1283, de la maison forte de La Brède, maison que, suivant les apparences, il avait fait construire, dit l'abbé Baurein (²). Ce qui est plus certain, c'est la destruction de ce château, en 1285, par le prévôt du sénéchal de Gascogne, Michel de Folchères (³).

En 1336, noble Arnaud de Lalande, chevalier, se qualifiait seigneur de La Brède. Son descendant direct fut Jean de Lalande, premier du nom, marié à Assalhide de Fargues, qui est dite veuve le 31 mars 1374 (⁴).

(¹) Bernadau rapporte, dans ses *Annales de Bordeaux*, 1803, p. 333 : « Le 20 octobre 1778, les jurats ordonnèrent qu'il serait attaché à la Porte Bourgogne une inscription portant mémoire de l'usage qu'a le seigneur de la maison noble de Lalande, de percevoir sur chaque pipe de sel débarquée à Bordeaux un droit de treize mailles bordelaises, dont les quinze valent neuf deniers tournois. L'ancienne pierre, où était inscrit le titre en vertu duquel le droit était perçu, fut perdue lors de la démolition de la vieille porte des Salinières, en 1751 ; la nouvelle inscription, dont nous parlons, fut gravée sur une pierre de marbre, incrustée dans le jambage méridional de la porte Bourgogne ; elle en fut enlevée, par suite de la Révolution, en 1794. »

(²) *Variétés bordelaises*, t. IV, p. 245.

(³) *Mandement d'Édouard Iᵉʳ*, ordonnant une enquête au sujet de la destruction du château de La Brède, appartenant à Gailhard de Lalande, communiqué par M. Tamizey de Larroque. (*Archives historiques de la Gironde*, t. VII, p. 156.)

(⁴) *Bordeaux vers 1450*, par Leo Drouyn, p. 368.

A la date de 1411, d'après la *Chronique bordelaise* par de Lurbe, « une assemblée générale des bourgeois de
» la Ville eut lieu, afin d'arrêter divers règlements sous
» forme de lois. Dans un de ces règlements, il est dit
» que le porte-guidon de la Ville se tiendrait prêt pour
» marcher, lorsqu'il serait mandé; car de toute ancien-
» neté, la dite Ville avait une compagnie de cavalerie,
» laquelle était commandée par le maire d'icelle; et, par
» plusieurs années, les sieurs de Lalande ont été guidons
» de la dite compagnie. »

Marie de Saint-Georges de Montmerci, dans ses *Recherches historiques sur l'office de Maire de Bordeaux*, rappelle que ce magistrat était le chef militaire des troupes bourgeoises, et que la troupe des archers à cheval, appelée plus tard le *guet*, fut composée de l'ancienne compagnie de cavalerie qui était aux ordres du maire, et dont l'étendard, appelé *guidon des maires*, était porté par un jeune gentilhomme. L'extrait de la *Chronique* et celui de l'aveu de 1682, cité plus haut, désignent clairement le nom de ce gentilhomme [1].

En 1451, Jean de Lalande, deuxième du nom, figura comme témoin, ainsi qu'il a été dit déjà, dans l'acte de reddition de la Guyenne; mais, après la reprise des hostilités et la nouvelle conquête du pays par les armées de Charles VII, en 1453, Jean de Lalande et son fils, gravement compromis, se réfugièrent en Angleterre; leurs biens furent confisqués et donnés à Louis de Beaumont, chambellan du Roi, sénéchal du Poitou.

En 1463, le 30 avril, Louis XI étant à Saint-Jean-de-Luz, signa des lettres de grâce et d'abolition en faveur

[1] En 1571, dans un acte de reconnaissance féodale, la rue de Gassies est également appelée *rue de la Baneyre de Lalande*. (Archives départementales.)

de Jean de Lalande, le fils, à la requête de l'oncle de ce dernier, le comte de Candalle, captal de Buch. Tous les titres et seigneuries que possédait son père, avant la conquête de Guyenne, lui furent restitués (¹).

En 1494, de Lurbe mentionne l'événement suivant : « Retournant le Roy (Charles VIII) du voyage de Naples, » comme il séjournait à Ast, ville de Piémont, fut fait » en sa présence un combat singulier entre deux gend'ar- » mes, l'un nommé Zerbulon, Génevois, et l'autre le sieur » de Lalande, Bourdelois, lequel demeura vainqueur ; et, » en récompense de sa vaillance, fut gratifié par le Roi » de cinq cens escus (²). » Décidément, les Lalande étaient de vaillants guerriers, et c'est à leurs actes de courage que plusieurs écrivains attribuent l'origine des privilèges attachés à leur hôtel de la rue Neuve. Ce droit de grâce, une fois en la vie de chaque nouveau seigneur, et ce droit d'asile en leur hôtel de la rue Neuve, consignés dans tous leurs aveux, et qu'ils avaient seuls à Bordeaux, par qui et pourquoi leur avaient-ils été conférés? Ceci n'a jamais été clairement expliqué.

Je n'ignore pas le récit du combat d'une sorte de géant

(¹) *Variétés bordelaises*, t. IV, p. 244 et 246.
(²) *Chronique bordelaise*, 1619, p. 38 v°. A propos de ce combat, qui n'est pas mentionné par l'historien Commines, rappelons qu'il existait, antérieurement à la Révolution de 1793, dans l'église des Grands-Carmes, un collier de fer et une inscription qui mentionnait de la manière la plus légendaire la construction de ce couvent. Cette inscription a fait l'objet de deux mémoires, auxquels il faut recourir pour juger le débat : *Résolution du doubte que font plusieurs touchant le combat rapporté (d'après Arnaud de Ferron) par le feu sieur de Lurbe, en sa Chronique*, par le Père provincial des Carmes, Michel Laforcade, et l'article de l'abbé Baurein, dans les *Affiches de Bordeaux*, 1778, p. 277. Ce dernier traite de fable le fait auquel on attribue la fondation de la chapelle des Carmes ; mais il admet comme réédificateur de cet édifice Gailhard de Lalande, vers 1264. L'église et le monastère, aujourd'hui complètement disparus, occupaient l'emplacement de la rue Honoré-Tessier et de la maison Seynat, cours Victor-Hugo. Voir les *Grands Carmes à Bordeaux*, par L. de Lamothe.

contre un seigneur de Lalande, autre combat que celui rapporté ci-dessus, et la mort de ce nouveau Goliath sous le fer de ce nouveau David, qui, par sa victoire, aurait été le libérateur de la cité. En reconnaissance de cet acte, les Lalande auraient obtenu le droit de jouir des plus hautes franchises seigneuriales ; mais je m'en remets à la réponse de l'abbé Baurein pour n'accorder qu'une bien douteuse créance à ce récit. Cependant, quoi qu'il en soit de l'origine de ce droit d'asile, le chroniqueur Jean Darnal rapporte :

« En 1462, messire Jean de Lalande se rendit deman-
» deur en arrêt de querelle, sur le premier chef, contre
» Me Bertrand Piouchel, procureur de la Ville, par devant
» les grands officiers de justice du frère de Louis XI,
» Charles, duc de Guienne, et ce, d'autant qu'au préju-
» dice du droit de franchise et liberté conféré à son
» hôtel et maison, sise et située en la rue Neufve, et
» duquel les majeurs ancêtres et devanciers du dit sieur
» de Lalande avoient joui paisiblement..., au veu et sceu
» des maires, soubs-maires, jurats et habitans de la dite
» ville, le dit Piouchel auroit tiré et mis hors la dite
» maison un nommé Anthoine de la Sagale, accusé de
» larcin et piperie, qui s'étoit réfugié dans icelle comme
» dans un asile sacré, et l'auroit fait conduire dans les
» prisons de la Ville (1). »

La vérification des droits du seigneur de Lalande ayant été faite, le sénéchal rendit une sentence qui remettait ce seigneur en possession et jouissance de son droit de franchise ; mais la date de cette revendication paraît étrange : en l'an 1462, le seigneur Jean de Lalande était proscrit, *privé de ses biens*, et n'avait pas encore obtenu des lettres de grâce de Louis XI.

(1) *Supplément des Chroniques*, édition de 1666, p. 186.

Jean de Lalande, troisième du nom, ne laissa qu'une fille, dame Catherine de La Brède, et de Lalande qui épousa, dans le cours de la seconde moitié du xv° siècle, un seigneur de L'Isle, en Médoc. De ce mariage, naquirent plusieurs enfants, entre autres trois fils, qui, par le testament de leur mère, en date du 17 mars 1502, reçurent de l'héritage maternel : le premier, Gailhard de L'Isle, fils aîné, la maison noble de Lalande, située en Bordeaux, rue Neuve; le second fils, Jean de L'Isle, écuyer, la maison noble de Beautiran, et le troisième fils, Pierre de L'Isle, la maison noble de La Brède. Cette dernière passa dans la famille des Secondat et fut le berceau de Montesquieu.

Gailhard de L'Isle jouissait encore, en 1527, de l'hôtel de Lalande; mais à la date de 1544 et en 1553, l'hôtel était en possession de Gaston de L'Isle, baron de La Brède, fils de Pierre de L'Isle, troisième fils de Catherine de Lalande. Gaston de L'Isle s'unit en mariage à demoiselle Marie Bonaventure de Lur, qui devint veuve et qui est dite, en 1594, usufruitière des baronnies de la Rivière, de La Brède, des maisons nobles de Lalande, en Bordeaux, et de divers héritages dans la juridiction de Castelnau (¹). A partir des premières années du xvii° siècle, l'hôtel de Lalande, par suite d'alliance, vint augmenter les nombreux fiefs de la puissante famille des Durfort de Civrac, dans les mains de laquelle cet hôtel resta jusqu'à la Révolution et même bien au delà, puisque, en 1832, le duc de Lorges exerçait ses droits de propriétaire sur le vieil hôtel (²).

(¹) Aveu fait par Pierre Pinel, petit-fils aîné et mandataire de Bonaventure de Lur, au devoir d'une paire de gants blancs à Jean-Louis, marquis de la Valette, duc d'Épernon.

(²) Toutes les indications relatives à l'hôtel de Lalande sont extraites des *Reconnaissances féodales*, conservées aux Archives départementales

Enfin, le 28 septembre 1840, M. Anne-Pierre Garres jeune, surnommé en famille Célestin, négociant, et Mme Marie-Thérèse-Camille Chiapella, son épouse, acquirent cet immeuble, qu'ils vendiront à M. Pierre Chaumet, qui fit démolir la maison, bien délabrée, des seigneurs de Lalande, puis élever sur son emplacement, en 1856, les maisons 36 et 38 qui se voient aujourd'hui.

Reprenant l'ordre chronologique des personnages notables qui habitèrent la rue Neuve, j'arrive au XVIe siècle, et les noms d'hommes distingués viennent en nombre sous ma plume. Mais aussi quelle brillante période venait s'ouvrir devant nous! Le siècle précédent avait vu l'aurore des grands établissements littéraires et scientifiques, qui préparèrent la renaissance des lettres à Bordeaux. Ce fut d'abord l'Université, instituée en 1441 par le pape Eugène IV, à la requête des maire et jurats, Université d'où sortirent les éléments du Collège des Arts ou Collège de Grammaire, institution qui ne fut pas sans influence sur la fondation du Collège de Guyenne, en 1533, « collège » aussi célèbre par les professeurs qui le dirigèrent que » par les élèves qui en suivirent les cours » (¹).

Il n'y a pas lieu de décrire ce beau et grand tableau de la renaissance des lettres à Bordeaux, après celui qui a été peint de main de maître par M. Reinhold Dezeimeris, dans son remarquable discours de réception à l'Académie, en 1864; mais il était utile de rappeler l'état civil et moral de notre ville au moment où paraît, dans ce récit, une des grandes illustrations bordelaises, Arnaud de Ferron, dont le berceau fut la rue Neuve.

---

de la Gironde. Il existe un inventaire très détaillé et fort bien fait de ces *Reconnaissances*, par M. Ducaunnès-Duval, archiviste adjoint.

Les ducs de Lorges étaient de la famille des Durfort de Civrac.

(¹) Voir Gaullieur, *Histoire du Collège de Guyenne*, p. 22.

Les notices biographiques sur Arnaud de Ferron ne font point défaut : depuis les vers faits à sa louange, lors de son décès, par tous les lettrés de Bordeaux, depuis le chroniqueur de Lurbe, qui le cite dans son livre : *De Viris illustribus Aquitaniæ*, publié en 1591, jusqu'à l'Éloge de M. l'avocat général Peyrecave, prononcé, en 1877, à la rentrée solennelle de la Cour, tous les ouvrages d'histoire locale ou les dictionnaires biographiques parlent de Ferron.

Après tant d'écrits, que pourrais-je dire sans rééditer ce qui a été dit et bien dit déjà? Mais, du moins, dans cette absolue nécessité, je suis heureux de faire mes emprunts à des membres de l'Académie de Bordeaux, les frères Lamothe et M. Dezeimeris. Puis, il est une particularité qui m'autorise au choix de la Notice des frères Lamothe, et m'impose même le devoir de faire revivre quelques lignes de leur ouvrage : c'est qu'eux aussi furent des enfants de la rue Neuve. Ils seront cités dans les derniers feuillets de ce mémoire, et leur Notice sur Arnaud de Ferron avait droit d'asile dans un recueil des vieux souvenirs de la rue qu'ils habitèrent.

La seconde étude biographique que je mettrai à contribution sera celle de M. Dezeimeris, qui me fournira des faits omis par ses devanciers. Enfin, grâce à de patientes recherches, quelques notes inédites, rectificatives ou complémentaires y seront ajoutées.

« Arnaud de Ferron naquit sans doute à Bordeaux [1], » vers le mois de mai 1515, » disent les Lamothe. Ce *sans doute*, équivalent ici de *peut-être*, est certainement motivé par l'état sanitaire de la ville en 1515, puisque le Parlement transféra ses assises à Libourne, en raison de la

[1] Et non à Vérone, comme le dit M. Boscheron des Portes, *Histoire du Parlement*, t. I, page 117.

peste qui sévissait dans notre ville. Dès lors, Jean Ferron, père d'Arnaud, conseiller à ce même Parlement, quitta Bordeaux pour éviter les effets de la contagion. Tout permet de croire qu'il emmena sa femme, Syrène Verteuil, à Libourne, à la veille peut-être de lui donner un fils. Mais avant tout, je tiens à bien établir la généalogie des Ferron, famille sur laquelle il y a quelque confusion.

Jean Ferron, d'après la *Chronique*, avait exercé la charge de jurat de Bordeaux, dans les dernières années du XVe siècle (en 1499), et, peu après, il entra comme conseiller au Parlement de Guyenne. En 1503, le 17 janvier, Jean Ferron s'unit en mariage avec demoiselle Syrène de Verteuil, « de cette famille des Verteuil qui a possédé le » fief de Maleret, dans la paroisse de Saint-Loubès ». De ce mariage vinrent quatre enfants, trois fils et une fille. L'aîné, et non le puîné, comme le disent les Lamothe, fut Jean-Charles de Ferron, seigneur de Carbonnieux, dans les Graves de Bordeaux, qui épousa demoiselle Jeanne de Gibault; de cette union naquirent : noble messire Asdrubal de Ferron, écuyer, seigneur de Carbonnieux, Saint-Genès, Tardes, Ambrus, baron d'Ambès, Avensan, capitaine et gouverneur de la ville de Saint-Macaire (voir la *Chronique de Cruseau*, t. I, p. 32-54). Il se maria deux fois : la première avec Suzanne de Nesmond, sœur du premier président; il en eut un fils qui continua sa postérité.

En deuxièmes noces, Asdrubal épousa demoiselle Marguerite de Lur, fille du vicomte d'Uza, amiral de Guyenne, et de Marie de Montferrant.

Le second fils de Jean de Ferron fut Mondot de Ferron, chevalier de l'ordre de Saint-Jean de Jérusalem; puis, naquit une fille, Françoise de Ferron, dont on ignore l'époque précise de la naissance et qui mourut dans le célibat (¹).

Enfin, vers 1515, naquit Arnaud de Ferron. « Il reçut
» une éducation très soignée; de bonne heure, il montra
» une prédilection marquée pour les belles-lettres; mais,
» cédant aux vives instances de ses parents, il se consacra
» à l'étude du droit et suivit, à Toulouse, les cours de
» jurisprudence (²). » C'est à son retour qu'il composa,
quoique fort jeune, son Commentaire sur la Coutume de
Bordeaux. « Il était d'ailleurs très voisin du temps de sa
» rédaction; il ne s'était encore écoulé que seize ans
» depuis cette époque; contemporain des Commissaires
» qui avaient été employés à ce travail, il pouvait, à
» chaque moment, les consulter sur les moindres doutes;
» et, quoiqu'on ne soit pas assuré qu'il ait profité de ce
» secours, on peut dire pourtant que son Commentaire
» mérite de passer pour contenir le véritable esprit de la
» Coutume ou des rédacteurs (³). »

Il entreprit ensuite, dit M. Dezeimeris, de continuer l'ouvrage de Paul Émile, c'est-à-dire d'écrire l'Histoire de France, depuis 1488 jusqu'à la mort de François Iᵉʳ (1546), en latin aussi pur, affirme Scévole de Sainte-Marthe, que celui de l'écrivain Véronais, et notre docte confrère émet la pensée qu'il ne serait pas impossible que Jules-César Scaliger eût revu les périodes de son ami. L'affection de l'illustre poète pour Arnaud de Ferron entoura la jeunesse de ce dernier d'une auréole brillante. Scaliger ne qualifiait de rien moins son jeune émule que du titre de grand

(¹) Notes de M. Communay.
(²) Dezeimeris, *Estienne de La Boëtie*, (*Publications de la Société des Bibliophiles de Guyenne*, t. I, p. 87).
(³) Extrait des frères Lamothe, p. xlv.
Dans la *Chronique* de Métivier, Arnaud de Ferron est cité comme ayant pour beau-frère Mᵉ Pierre Carles, président, p. 99, 118.

Atticus, de maître délicat en tout ce qui touche aux choses de l'intelligence. Mais, plus tard, une circonstance malheureuse vint troubler les rapports affectueux des deux savants et le Ferron autrefois si prôné ne fut plus qu'un magistrat vendant la justice, qu'un érudit dont la réputation était usurpée.

Entre l'exagération de la louange et celle de l'invective, on est heureux de trouver des hommes tels que de Thou, Sainte-Marthe, Loisel, de Lurbe, de Brach et surtout La Boëtie, pour atténuer les accusations de Scaliger et rendre justice au mérite vrai d'Arnaud de Ferron. A ceux qui voudraient étudier l'historien, le lettré, dans ses rapports avec les plus beaux esprits de l'époque, on ne saurait mieux faire que de les engager à lire les premières pages des *Remarques et corrections d'Estienne de La Boëtie sur le traité de Plutarque, intitulé :* Ἐρωτικὸς (*L'Éroticos,* traité de l'amour), par M. Dezeimeris.

Mais revenons à la maison de Ferron, à son intérieur de famille. Depuis le 10 avril 1535, notre jeune légiste avait succédé à son père comme conseiller au Parlement de Bordeaux (¹), et, huit ans plus tard, en 1543, âgé de vingt-huit ans, il épousa Marthe de Vallier, dame du fief du Désert, au Bouscat (²), fille de maître Pierre de Vallier, conseiller au Parlement, et de demoiselle Bertrande Arnaud de Laborie. De son union avec cette noble Marthe, ce modèle de vertu chanté par Scaliger, Ferron eut quatre enfants, deux fils et deux filles (³), bien

---

(¹) *Chronique du Parlement de Bordeaux,* par Métivier, t. I, p. 327.

(²) M. le Dr Desmaisons, propriétaire au Bouscat du domaine appelé Castet-en-Dorthe (petit château du Désert), possède des titres de propriété dans lesquels il est question de Marthe de Vallier.

(³) 1° Pierre de Ferron, écuyer, sieur de Beaupuy et de Virelade; 2° Lancelot, sieur de Campian ; 3° Izabeau, qui épousa François Duplessy, conseiller au Parlement de Bordeaux; 4° Françoise de Ferron.

que les frères Lamothe aient écrit qu'il mourut sans postérité. Les documents qui m'autorisent à relever l'erreur des commentateurs de la Coutume de Bordeaux sont deux pièces extraites des Archives départementales : l'une, dans un terrier des bénéficiers de Saint-Pierre, de 1571 ; l'autre, dans les minutes de Mᵉ Ponet, notaire et tabellion en Guyenne. Ce dernier document n'est rien moins que le testament de Marthe de Vallier, daté du 26 février 1603 ([1]). Dans ces deux pièces, Marthe de Vallier est dite veuve. Et, en effet, si quelques doutes peuvent exister sur la date exacte de la naissance de Ferron, celle de sa mort est très précise : elle eut lieu le 28 mai 1563, ainsi qu'elle a été inscrite en tête de son livre et dans plusieurs de ses épitaphes.

La vie laborieuse de Ferron, le milieu lettré dans lequel il vécut et les illustres amitiés dont il était entouré, concoururent à la célébrité de son nom. Mais, en outre de ses continuels et nombreux rapports avec les professeurs du collège de Guyenne, avec les hommes les plus distingués de la province : Tiraqueau, Scaliger, La Boëtie, il prit une large part aux événements les plus remarquables de son temps. Dès sa jeunesse, les nouvelles doctrines religieuses apparurent à Bordeaux sous l'influence des prédications de Guillaume Farel, l'ami de

---

([1]) Il y avait quarante ans que Ferron était mort, lorsque Marthe de Vallier, sa femme, fit son testament « en la maison de Mᵉ Pierre Dorléans, » auditeur des comptes, demeurant rue Maucoudinat, estant en son bon » sens, mémoire et entendement ». Comme plusieurs membres de sa famille, elle mourut dans la religion réformée, ainsi qu'elle le déclare dans les premières lignes de son testament : « Premièrement, a recommandé son » âme à Dieu, le Créateur, le priant très dévottement que, lorsqu'elle fera » séparation de son corps, la veuille recepvoir et colloquer en la gloire » céleste de Paradis, par le mérite de la mort et passion de nostre seul Sau- » veur et Rédempteur Jésus-Christ. Veult et entend que son corps soit » inhumé et ensevely au lieu où ceux de la Religion réformée, dont elle » fait profession, ont accoustumé d'estre inhumés et ensevelys. »

Calvin. Plus tard, alors que Ferron exerçait les fonctions de conseiller au Parlement de Guyenne, plusieurs membres de sa famille, sa femme elle-même, Marthe de Vallier, acceptèrent les principes de la Réforme et, malgré l'extrême rigueur des édits royaux, devinrent de zélés hérétiques.

En 1538, il assistait aux funérailles du président Boyer, bienfaiteur de l'hôpital Saint-André, qui avait été son adversaire dans une cause importante, où Ferron plaida, dès son entrée au Parlement. L'année suivante, il fut témoin du passage à Bordeaux de Charles-Quint, allant en Flandre, et, en 1542, il vit passer François Ier, se dirigeant vers La Rochelle, à la tête de son armée. Mais bientôt de terribles événements surgirent et placèrent Ferron au premier rang des magistrats qui coururent les plus grands dangers, en s'exposant aux excès d'une émeute populaire, c'est-à-dire de la fameuse sédition de 1548. Comme on le sait, elle fut motivée par un édit élevant la taxe du sel jusqu'à quarante-huit livres tournois par muid, ce qui souleva les populations de la Saintonge, du Périgord et de la Guyenne. Le matin du 21 août, les premiers grands troubles éclatèrent à Bordeaux et jetèrent la population dans les plus vives alarmes. « Les membres du Parlement sortirent dès neuf » heures du palais de l'Ombrière, pour l'effraiement et » tocsin fait à la cloche de la ville », comme disent les registres secrets.

La cité fut envahie par une populace en délire; la Mairie et plusieurs établissements furent pillés; le lieutenant général du Roi, Tristan de Monneins, gentilhomme basque, vint de Bayonne à la hâte et prit ses mesures pour résister à l'émeute. La Jurade requit auprès de la cour du Parlement l'adjonction de plusieurs de ses membres pour l'assister dans les délibérations graves qu'elle avait à prendre; La Chassaigne, président, et quelques conseillers, au nombre desquels se trouvait Ferron, furent choisis; mais rien ne put arrêter les excès de la révolte. Des mouvements tumultueux ensanglantèrent les rues de la ville et les magistrats qui viennent d'être nommés se trouvaient à quelques pas de Monneins, lorsqu'il tomba mortellement frappé et que les émeutiers traitèrent ignominieusement son cadavre.

Ce meurtre et ceux de quelques autres fonctionnaires mirent le comble aux succès momentanés de l'insurrection, qui dut enfin céder devant l'énergie de plusieurs officiers municipaux et magistrats du Parlement de Guyenne.

A quelque temps de là, eurent lieu de non moins terribles représailles. Au mois d'octobre 1548, quinze mille hommes, sous les ordres du connétable de Montmorency, entrèrent dans Bordeaux par la brèche, comme dans une ville prise d'assaut; les Bordelais furent traités avec la plus extrême rigueur, convaincus du crime de lèse-majesté. Le Parlement fut également disgracié; plusieurs de ses membres, inculpés d'irrésolution ou de manque d'énergie vis-à-vis de la révolte, durent se rendre devant le Parlement de Toulouse, appelés en justice pour raison des émotions et séditions survenues dans le duché de Guyenne, et se justifier devant la cour de la Haute-Gascogne. L'un des premiers qui revint de Toulouse, un arrêt de décharge à la main daté du 12 septembre 1550, fut Arnaud de Ferron.

Depuis sa réintégration au Parlement de Guyenne, Ferron mena l'existence la plus laborieuse, bien qu'il vécût en un temps où les maladies épidémiques, les séditions civiles, les persécutions religieuses agitaient violemment la cité. Les rigueurs les plus grandes étaient exercées contre les adhérents de la religion réformée, ce qui motivait d'affreux supplices au bas de la rue Neuve, sur la place de l'Ombrière. Malgré les fatigues de sa charge, Ferron s'occupa d'études législatives et historiques qui lui gagnèrent l'estime et l'amitié des hommes les plus distingués de son temps. Après ses Commentaires sur la Coutume de Bordeaux, qui eurent trois éditions, mais dont il ne corrigea que la première, il continua la suite de l'Histoire de France par Paul Émile, du règne de Charles VIII à celui de Henri II; il fut pour ainsi dire un écrivain contemporain pouvant relater les faits historiques accomplis par ses anciens ou dont il fut lui-même le témoin (1). Il assista aux funérailles du président Le Comte, en 1555, et à la réception de son successeur, Jacques Benoit de Lagebaston. Bien souvent consulté en la grande chambre de la Cour, il se distingua maintes fois parmi ses confrères, et l'un des signes évidents de la haute considération dont il jouissait, c'est qu'il fut choisi, en 1561, pour accompagner à Paris le premier président, mandé par le roi Charles IX pour une cause restée secrète. Cette grande mission est la dernière qui mit Ferron en évidence. De retour à Bordeaux, le 28 mai 1563, une fièvre violente l'emporta à quarante-huit ans, précédant de quelques mois dans la tombe son illustre ami La Boëtie. Il mourut dans la vieille maison placée au fond de la cour portant aujourd'hui le n° 21, maison bien

---

(1) Ferron vit monter sur le siège archiépiscopal de Bordeaux François de Mauny et le cardinal André de l'Espinay, qui accompagnait, avec le prélat Brissonnet, le roi Charles VIII à Fornoue, et qui, comme ce dernier, était représenté pédestrement sur la façade extérieure de la porte du Calhau; Charles VIII avait alors vingt-quatre ans. (Voir Philippes Moreau, bourdelois, *Le Tableau des armoiries de France*, p. 230. Paris, Robert Foüet, 1609, in-12.)

défigurée de son état primitif, mais qui présente encore des fragments d'architecture du xvi° siècle, des appuis et des chambranles de fenêtres ouvragés, quelques petites ouvertures munies de leurs anciens volets à panneaux plissés, et surtout l'escalier principal, en pierre, se développant en spirale. Inutile de dire que les aménagements intérieurs ont été complètement transformés. En avant de cette maison, s'étendait un vaste jardin jusqu'au mur de clôture de la rue Neuve, qui bordait aussi la ruelle conduisant à l'hôtel du président Carles, dont il sera bientôt question. C'est sur le terrain de cette ancienne cour qu'ont été construits, vers le xviii° siècle, les maisons numérotées 17, 19 et 23. Pour bien justifier ces faits, voici l'extrait d'une reconnaissance de Marthe de Vallier, du 26 février 1571, aux bénéficiers de Saint-Pierre (1).

« Reconnaissance de Marthe de Vallier, fille du con-
» seiller Pierre de Vallier et veuve de feu M. maître Arnauld
» de Ferron, quand vivoit conseiller du Roi, en la cour
» de Parlement de Bordeaux, tant en son nom qu'en celui
» de ses enfants, d'un grand jardin où il souloit (2) cy
» devant avoir maison avec ses appartenances et dépen-
» dances, lequel est renfermé de murailles haultes, et
» scize et scituée en la paroisse de Saint-Michel, de la pré-
» sente ville de Bordeaux, en la rue Neufve, confrontant
» d'un cousté et d'un bout aulx maisons et basse cour
» du dit sieur de Ferron; d'autre cousté, à la ruette par
» laquelle l'on va de la dite rue Neufve à la maison des
» héritiers de feu M. le président Carles, et de haultre
» bout, par le devant, à la dite rue Neufve. »

(1) Terrier, cotte E, lettre G, p. 11, n° 550. (Archives départementales de la Gironne.)

(2) Soulait vient de *solere*, avoir coutume. Voir les dictionnaires latins et ceux de Raynouard, Littré, etc.

La maison, la basse cour et le jardin d'Arnaud de Ferron conservaient encore, à la fin du xviie siècle, les dispositions ci-dessus décrites, ainsi que le mentionne le livre terrier des bénéficiers de Saint-Pierre, à la date de 1684 [1]. Mais c'était depuis longtemps la résidence du conseiller de Raoul, époux de Marie Vallier, et c'est de lui que la cour actuelle tient son nom [2]. Nous y reviendrons au xviiie siècle.

Une des maisons de marque de la rue Neuve, qui doit terminer le tableau de cette époque, est l'hôtel du président Carles, attenant, pour ainsi dire, à celui de Ferron, mais beaucoup plus éloigné de la voie publique. J'ai dit déjà combien la rue Neuve était habituellement la demeure des premiers parlementaires, et la famille dont il est ici question fut une des plus marquantes de cette rue au xvie siècle. Non seulement les Carles occupèrent le fauteuil de la présidence, mais ils comptèrent parmi eux, en outre du fameux président, le savant évêque de Riez, messire Lancelot de Carles, François de Carles, seigneur de la Roquette, maire de Bordeaux en 1564, enfin, Pierre de Carles, installé comme président le 3 avril 1554, qui avait épousé la sœur d'Arnaud de Ferron [3].

L'hôtel du président Carles devait occuper tout le fond de l'impasse de la rue Neuve, et c'est à cet hôtel que doivent appartenir les restes d'anciennes constructions, mutilées depuis longtemps, mais qui portent encore, dans certaines parties, les caractères de l'architecture de

---

[1] Archives départementales de la Gironde, lettre G, n° 571.
[2] Je possède des reçus de locations, datés de 1839 et 1842, et qui indiquent deux magasins cour Raoul.
[3] Lancelot, François et Pierre étaient fils de Jean Carles, docteur en droit, sieur de la maison noble de Peyrissac et Bayrac. Il fut pourvu de l'office de président lors de la création de la chambre criminelle. Il mourut en 1520. Il avait épousé Jacquette Constantin, si connue sous le nom de la présidente Carles.

la fin du XVIe siècle. Pierre Carles prit une part active aux événements qui se passèrent à Bordeaux de 1548 à 1562, et dont le récit se trouve dans l'*Histoire du Parlement* de M. Boscheron des Portes, l'*Histoire de la réformation à Bordeaux* par M. Ernest Gaullieur, et divers autres ouvrages.

D'après le chroniqueur Gauffreteau [1], ce serait dans la maison du président Carles, rendez-vous habituel de la jeune société bordelaise, que fut prêché le calvinisme pour la première fois; mais Gauffreteau place cette maison dans la rue Sainte-Colombe, « plus bas un peu » que le puits, à main droite, quand on va de l'église » Sainte-Colombe à la Rousselle. » Or, j'ai des preuves certaines que l'hôtel du président Carles était au fond de l'impasse de la rue Neuve; seulement, au XVIe siècle, il devait exister une issue de l'hôtel sur la rue Sainte-Colombe, ce qui expliquerait alors tout naturellement la version de Gauffreteau. A propos de rectifications, il en est une autre importante qui doit être faite. M. l'abbé Bertrand, dans ses *Mélanges* [2], écrits du reste avec tant de soins et d'impartialité, a cru devoir rappeler un fait sur la foi d'un auteur peu lu, et que nous pensions, tout d'abord, être des plus véridiques. Le père Adam, dans sa *Vie de saint François de Borgia* [3], troisième général des Jésuites, qui accompagna le légat du pape à Bordeaux, déclare que ce fut dans la maison du *président* Ferron, rue Neuve, que descendit François de Borgia. Le père Adam ne se borne pas à mentionner cette résidence, mais il ajoute les détails les plus édifiants. Malheureuse-

---

[1] Publication de la Société des Bibliophiles de Guyenne, t. I, p. 96.
[2] *Mélanges de biographie et d'histoire*, Bordeaux, Feret et fils, 1885, in-8°, p. 25, 26.
[3] *Abrégé de la Vie de saint François de Borgia*, par le P. Adam, de la Compagnie de Jésus. A Bourdeaux, G. de La Court, 1672, p. 148 à 150.

ment, cette citation nous paraît doublement erronée. Il n'y eut point de président au Parlement du nom de Jean de Ferron, père du célèbre Arnaud, dont la mort, de même que celle de son fils, sont antérieures à la venue de Borgia. Je crois donc plus vrai d'adopter la version donnée par le chroniqueur Jean Darnal, en 1665, qui dit que ce fut chez le conseiller de Lange, ou de Lange de Luxé, comme ajoute M. Boscheron des Portes, que descendit le chef de l'ordre des Jésuites, en 1572.

Avec ces rectifications je terminerai le tableau moral et physique des événements arrivés rue Neuve dans le cours du xvi° siècle.

III

Après avoir rappelé les célébrités de la magistrature bordelaise qui vécurent dans la rue Neuve au xvi° siècle, nous trouvons dans cette même rue des noms dignes d'être mentionnés. Le voisinage du palais de l'Ombrière avait fait, pour ainsi dire, de la rue Neuve le centre du quartier général des membres du Parlement de Guyenne; présidents, conseillers, avocats, procureurs et notaires demeuraient porte à porte et se rendaient en costume officiel, soit à pied, soit à cheval ou dans leur chaise, aux séances de la Cour. Tout d'abord se présentent les noms des veuves de grands magistrats : dame Claude-Chappellier, épouse de feu René Brinon, qui, lors de l'interdiction du Parlement, à la suite de l'émeute de 1548, avait été placé, avec le président de Laage, à la tête des deux chambres, l'une civile et l'autre criminelle; dame Anne Daffis, veuve de messire Bernard de Pichon, président à mortier, qui, le 10 décembre 1615, reçut, avec le président Daffis, Louis XIII au palais de l'Ombrière, où le Roi tint un lit de justice; puis Jean d'Espagnet, magistrat lettré, qui s'occupait d'alchimie, et, d'après Bayle, aurait été l'un des plus savants hommes de son siècle; il aurait publié, en 1616, un vieux manuscrit intitulé : *le Rozier des guerres*, trouvé à Nérac et attribué à Louis XI. M. Gustave Brunet lui a consacré un excellent article dans la *Nouvelle Bibliographie universelle*. Jean d'Espagnet fit sa résidence habituelle rue des Bahutiers, dans une curieuse maison, démolie vers 1844, dont les débris de la façade sont connus de tous les archéologues bordelais par de nombreuses publications et par deux grands dessins de Gonzalès, appartenant à M. Jules Delpit; mais le président possédait, au XVIIe siècle, l'immeuble qui s'élevait sur l'emplacement de la maison rue Neuve portant aujourd'hui le n° 34.

Parmi les nombreux avocats et conseillers qui demeurèrent au même lieu, il faut citer les Raoul, alliés des Ferron; ils occupèrent longtemps leur ancien hôtel et lui ont ainsi laissé leur nom. Le plus ancien de ces magistrats est Jacques Raoul ou de Raoul, avocat au Parlement en 1555, juge au scel et contre-scel établi par le Roi en la ville de Bordeaux; Pierre de Raoul, conseiller du Roi et contrôleur de ses finances en Guyenne, en 1580, et son fils, avocat, qui portait son même prénom; puis Guillaume de Raoul, également avocat, qui décéda le 16 août 1657, place du Marché-Neuf, et fut enseveli dans l'église des Cordeliers. Mais, il y aurait témérité de croire que tous ces noms appartenaient à la rue Neuve; les notes recueillies sur eux sont insuffisantes pour fixer leur résidence. Ce qu'il y a de plus exact, c'est que Jean-Antoine Raoul y demeurait; il était conseiller au Parlement, commissaire aux enquêtes du palais, seigneur de Saint-Aubin; il décéda le 26 décembre 1741 et fut enseveli dans la sépulture de sa famille, probablement dans l'église des Cordeliers. C'est de lui qu'il existe plusieurs manuscrits curieux, entre autres des notes biographiques et le *Sottisier*, qui doivent appartenir aux héritiers de M. de Gères, ancien membre de l'Académie de Bordeaux, trois autres manuscrits sur l'un desquels le conseiller Raoul inscrivait des notules relatives aux faits et gestes et au caractère de ses confrères. Ces derniers volumes sont en possession de M. Roborel de Climens.

Jean-Antoine de Raoul avait épousé d'abord Anne de Masparault, fille d'Octavien de Masparault et de Catherine de Lalo, dont il eut trois fils et une fille. Un Raoul a été évêque de Saintes, et les Masparault furent propriétaires de la maison rue Neuve, n° 33. Raoul se maria deux fois : la seconde avec dame Charlotte de Reblais, décédée le 3 octobre 1733, laquelle eut une fille, nommée Françoise, qui épousa messire Raymond de Villepreux; ce mariage fut contracté rue Neuve. Une autre fille de Raoul mourut tragiquement : « le 17 février 1725, les restes du cadavre » de mademoiselle Magdeleine Raoul, consumée dans » l'incendie de la maison de madame Malparaut, sa tante, » thrésorière de la charité de la paroisse, la nuit dernière; » a été ensevelie dans la sépulture de ses parents. »

A propos de cet événement tragique, il est un nom qui allait être oublié et dont la haute notabilité revient à la rue Neuve; c'est celui de maître Estienne de Maniald, docteur en médecine et médecin ordinaire de la cité de Bordeaux, qui demeurait au n° 44, où il fit son testament le 22 avril 1599, par devant M° Jehan de la Ville. (Communication de M. Roborel de Climens.) M° de Maniald mourut cette même année 1599, laissant, en outre de sa valeur médicale, des preuves de son grand mérite littéraire, comme l'a constaté M. Reinhold Dezeimeris.

Plusieurs conseillers et avocats habitaient encore la même rue aux XVII° et XVIII° siècles : Jean-Baptiste-Guillaume de Brivasac, au n° 42; Pierre Renaire, au n° 46; Philippe de Cadouin, Jahan Vialle et Jean de Vertheuil; dans le bel hôtel portant le n° 30, où se trouve aujourd'hui l'école des Frères, résidait Jean-Jacques Pelet, reçu conseiller à La Tournelle en 1740, d'après l'*Almanach de la province de Guienne*, et trois ans plus tard, d'après M. Boscheron des Portes. La façade de l'hôtel Pelet existe encore, mais défigurée de son caractère primitif; elle ne présentait originairement qu'un mur de clôture percé d'un large portail, surmonté d'un fronton circulaire, reposant sur deux pilastres ioniques; au-dessus, couronnant la façade, était une galerie à balustres. A l'intérieur, s'étendait une terrasse qui, sur d'épaisses voûtes formant vestibule, rejoignait le corps du logis principal, placé au fond d'une cour où se développe encore un large escalier de pierre conduisant à de vastes salons boisés, ornés de panneaux sculptés et dont les attiques encadrent des peintures décoratives, bien enfumées de nos jours, mais qui devaient être, à leur origine, d'un bon effet. Cette demeure est bien aujourd'hui la plus vaste de la rue Neuve, pour le nombre et la grandeur des appartements de plain-pied; l'on y voit, par la pensée, circulant à l'aise, le conseiller Pelet et les habitués de l'hôtel, ses confrères. Oui, c'est bien là le milieu dans lequel de riches magistrats, d'élégantes dames d'épée ou de robe, du grand négoce ou de la haute bourgeoisie, étalaient leurs magnifiques atours ou leurs jupes de lampas à ramages. Parmi les intimes visiteurs de l'hôtel Pelet était l'intendant du Pré de Saint-Maur [1], l'un des

---

[1] Nicolas du Pré de Saint-Maur, intendant de la province de Guyenne, où il arriva en 1776, au mois de juin, d'après La Chenaye Desbois, le

plus grands administrateurs de l'ancienne province de Guyenne, qui fut, avec ses prédécesseurs Boucher, de Tourny, Esmangart, l'un des créateurs du Bordeaux que l'on admire le plus aujourd'hui; c'est avec un sentiment de grande satisfaction que je rappelle ce nom, car il fut celui d'un des membres les plus distingués de l'Académie de Bordeaux.

Du reste, pour donner une idée du zèle avec lequel l'intendant du Pré de Saint-Maur s'occupait de l'amélioration des quartiers anciens de notre ville, voici deux lettres, écrites de Paris et relatives à la rue Neuve; dans l'une d'elles, le nom du conseiller Pelet se retrouvera.

En 1781, la jurade eut l'idée de mettre en communication directe la rue Neuve et les fossés de Bourgogne; mais voulant faire coopérer à cette dépense les principaux propriétaires de cette rue, l'administration municipale leur adressa une convocation à l'Hôtel de Ville pour le 19 juillet, et c'est à propos de l'insuccès de cette réunion que l'intendant du Pré de Saint-Maur écrivit les lettres suivantes :

A Messieurs les Officiers municipaux de la ville de Bordeaux.

A Paris, ce 20 juillet 1781.

J'ai reçu, Messieurs, la lettre que vous m'avés fait l'honneur de m'écrire le 21 du présent mois, pour m'informer du résultat de l'assemblée tenue au sujet du projet d'ouverture de la rue Neuve, pour communiquer avec celle des fossés de Bourgogne; je regrette que les propriétaires de ces maisons n'aient pas

---

9 juillet suivant Laboubée et le 10 août selon Bernadau; il succéda à M. de Clugny de Nuis et eut pour successeur, le 8 octobre 1785, le chevalier Le Camus de Néville. Du Pré de Saint-Maur fut élu membre de l'Académie des Sciences de Bordeaux le 6 février 1780.

marqué, dans cette occasion, plus de zèle et d'intérêt pour le bien public et pour la décoration de la ville. Mais, quoique cela affaiblisse les moiens sur lesquels nous avions comptés, il me semble que ce ne doit pas être un motif, pour des administrateurs plus éclairés que de simples propriétaires, d'abandonner un projet aussi utile. Ne pourriez-vous pas, par exemple, acquérir la maison du sieur Ricard, cordonnier (¹); c'est un objet de bien peu de conséquence et si on la lui laisse réédifier de nouveau, cet obstacle durera des siècles. Ce ne seroit pas d'ailleurs un article en pure perte pour la Ville; elle seroit dans le cas de retirer toujours quelques loiers de cet emplacement, en y construisant seulement des échoppes ou barraques. Le propriétaire pourroit aussi trouver son avantage en recevant en échange, de la Ville, dans un autre quartier, du terrein dont il s'arrangeroit également. Je ne voudrois pas, à votre place, manquer l'occasion de pouvoir un jour faire jouir la ville de Bordeaux d'un débouché qui peut lui devenir bien plus nécessaire encore, si, comme il y a lieu de le croire, le projet de construction du nouveau Palais a son exécution (²).

J'ai l'honneur d'être avec un sincère attachement, Messieurs, votre très humble et très obéissant serviteur.

Signé : DU PRÉ DE SAINT-MAUR (³).

Deuxième lettre.

Paris, ce 22 août 1781.

M. Pelet vient de m'écrire, Messieurs, pour m'informer que n'aiant point eu connoissance du motif de la convocation des propriétaires des maisons de la rue Neuve et de l'assemblée

(¹) Cette maison occupait le fond de la rue, vers le sud-est, longeant la rue Renière; depuis sa reconstruction elle a été habitée par le Dr Labayle, qui y est décédé en 1854.

(²) Il s'agissait, dans ce projet, du nouveau Palais de justice, près de l'hôtel de M. Le Berthon, aujourd'hui le Mont-de-Piété, rue du Mirail, projet qui fut abandonné.

(³) Archives municipales, carton A.A. Lettres des intendants de Guyenne.

tenue en conséquence le 19 juillet dernier, dans votre Hôtel de Ville, il ne s'y étoit point rendu ; mais qu'aiant appris depuis ce dont il s'agissoit et aiant demandé à voir le plan et le devis estimatif du projet pour communiquer de la rue Neuve sur les fossés de Bourgogne, il en avoit parfaitement senti l'utilité, ainsi que l'embellissement qui en résulteroit pour la ville et qu'il me prioit de recevoir son acquiessement, étant un de ceux que cela intéressoit le plus particulièrement.

En lui répondant, je lui ai envoyé copie de la lettre que vous m'avez écrite, après l'assemblée tenue à ce sujet, et lui ai marqué qu'il ne pouvoit mieux faire que de traiter cette affaire avec vous, Messieurs ; que ce seroit peut-être l'occasion de ramener les autres propriétaires à son sentiment, en leur exposant l'intérêt qu'ils avoient de profiter de l'état de décrépitude dans lequel se trouve une des maisons qu'il s'agiroit d'abattre et de prévenir, dans ce moment, sa reconstruction, qui apporteroit un obstacle invincible à l'exécution de ce dessein, dans lequel ils ne devroient pas trouver moins d'avantage que M. Pelet.

J'ai l'honneur d'être avec un sincère attachement, Messieurs, votre très humble et très obéissant serviteur.

Signé : Du Pré de Saint-Maur.

Écrites il y a plus de cent ans, ces lettres d'un administrateur éclairé, soucieux du bien public, peuvent encore faire naître d'utiles réflexions à propos d'un état de choses qui, malheureusement, existe encore, et dont l'amélioration devient de plus en plus urgente, malgré le refus des propositions avantageuses faites à l'administration municipale vers 1862, et notamment à M. Noguey, adjoint au maire pour les travaux publics.

Cette digression m'a fait interrompre le recensement des anciens parlementaires de la rue Neuve ; j'y reviens avec le grand nom de Montesquieu !

Plusieurs biographes, chroniqueurs, annalistes, s'appuyant sur une tradition, indiquent la maison, plus que modeste maintenant, qui se trouve au fond de l'impasse, anciennement appelée de Carles, puis de Rondelet (¹), et dite, au dernier siècle, de Port-Mahon, comme ayant été habitée par Montesquieu; mais, jusqu'ici, cette tradition n'avait pas été confirmée par un document authentique. Pour la première fois, des preuves incontestables vont être produites. Les diverses demeures de Montesquieu dans la ville de Bordeaux ont été souvent désignées : rue Margaux, à côté de la chapelle des Jésuites; rue Porte-Dijeaux, près de l'Hôtel du Gouvernement, et ailleurs. A la rue Neuve se rattache le souvenir de ses fréquentes visites, de sa résidence, très passagère, il est vrai, mais d'un des événements les plus importants de sa vie!

Tous les immeubles qui se trouvent au fond de l'impasse sont en grande partie, aujourd'hui, la propriété de Mme veuve Laborie. Ils appartenaient, dans la première moitié du XVIIe siècle, au Consistoire de Bègles. En 1685, lors de la révocation de l'édit de Nantes, ils furent confisqués et donnés par le Roi à l'Hôpital de la Manufacture, fondé en 1619 par les libéralités de Mme Anne de Tauzia, veuve de M. de Brezetz, et par celles de diverses donatrices; mais, ce ne fut que de 1652 à 1701 que s'élevèrent les principaux bâtiments et la chapelle de cette maison hospitalière, vaste ensemble qui disparaît de nos jours.

Malgré la générosité des bienfaiteurs de cet établissement, des besoins de fonds nécessitèrent sans doute la

---

(¹) Ces noms se trouvent indiqués par M. Leo Drouyn dans *Bordeaux vers 1450*. L'origine du nom de Carles a été suffisamment expliquée; celui de Rondelet, d'après M. E. Gaullieur, rappellerait d'anciens ministres protestants qui habitèrent Bordeaux de 1675 à 1685. Dans le travail des plus intéressants que prépare M. Raymond Céleste sur des *Lettres inédites de Montesquieu*, les nombreuses demeures « du plus modéré et du plus fin des philosophes » seront soigneusement mentionnées.

ventes de quelques immeubles, propriétés de l'Hospice, ce qui explique la transaction suivante : Dans un registre des délibérations du Bureau de l'hôpital de la Manufacture, séance du 23 juillet 1702, se trouvent ces lignes : « ... Jean Lartigue, avocat en la Cour, propose d'acheter » les deux maisons contiguës, ruette Carles, au prix » de 9,000 francs. Le Bureau les lui adjuge le 6 août » 1702 ([1]). » En 1715, ces maisons appartenaient à noble Pierre de Lartigue, écuyer, chevalier de Saint-Louis, anobli pour fait des guerres, ancien lieutenant-colonel au régiment de Maulevrier, marié à dame Élisabeth Pauzie. De ce mariage était issue Jeanne de Lartigue, qui, le 30 avril 1715, s'unit en-mariage, dans l'église Saint-Michel, avec Charles Secondat, baron de Montesquieu. Le contrat avait été passé le *22 mars, au fond de l'impasse de la rue Neuve, chez Pierre de Lartigue;* et, trente-huit jours après, de cet humble logis, la future de Montesquieu sortait *épouse,* suivant l'expression populaire ([2]).

Ce court récit doit suffire pour expliquer la fréquence des visites de la plus haute illustration de l'Académie de Bordeaux à ce recoin de notre ville, si délaissé de nos jours.

Mais outre les relations de famille qui motivaient la venue de Montesquieu dans l'impasse de la rue Neuve, un autre motif l'y attirait tout naturellement.

Dans les dépendances de l'ancien hôtel Carles demeurait François Risteau, né à Bordeaux en 1714, mort

---

([1]) Communication de M. V. Bordes. Extrait des Archives départementales de la Gironde. *Registre des délibérations de l'Hospice,* registre 8, pages 72, 74, 78.

([2]) Voici, d'après M. R. Céleste, l'extrait du libellé, dont la minute se trouve dans les papiers de M⁰ Dubos, alors notaire à Bordeaux: « Fait à Bordeaux, dans la maison du dit seigneur et dame de Lartigue, rue Neuve. »

en 1784. Il était un des plus notables négociants de son époque, directeur de la Compagnie des Indes et grand ami de Montesquieu. De cette vive amitié, dut naître la *Réponse aux observations sur «l'Esprit des Lois»*, pour réfuter la critique que l'abbé Delaporte avait faite de cet ouvrage.

Au sujet de François Risteau, père de Sophie Risteau, devenue la célèbre Mme Cottin, que Bernadau fait naître à Bordeaux, rue Neuve, en 1772, contre l'opinion de presque tous les biographes, qui indiquent Tonneins comme lieu de sa naissance; il y a lieu de signaler l'indication nouvelle fournie par M. Andrieu dans la *Bibliographie de l'Agenais* : Sophie Risteau serait née à Paris, place des Victoires, non en 1772, mais le 22 mars 1770; d'où il résulte qu'on ne peut revendiquer pour la rue Neuve l'honneur d'avoir été le berceau de l'auteur de *Claire d'Albe*, de *Malvina*, de *Mathilde ou les Croisés*. Tout au plus doit-on croire que cette femme célèbre passa les premières années de son enfance dans l'hôtel de son père, impasse alors appelée du *Port-Mahon*.

Pour compenser une naissance notable, qui ne peut être ajoutée aux annales de la rue Neuve, les *Archives historiques de la Gironde* [1] fournissent l'acte de décès de Mme de Montesquieu :

Extrait des registres de l'État-Civil des cultes non catholiques de la ville de Bordeaux.

Aujourd'huy, treize juillet mil sept cent soixante-dix, du consentement de monsieur le Procureur sindic de la Ville, il a été permis à sieur Bricheau, capitaine de navire, habitant de la présente ville, de faire inhumer, aux lieux et formes ordi-

---

[1] T. XXIII, p. 539. Extrait des Archives municipales de Bordeaux Communiqué par M. Roborel de Climens.

naires, le corps de dame Jeanne Lartigue, veuve de messire de Montesquieu, président à mortier au Parlement de Bordeaux, décédée ce jourd'huy, en la présente ville, âgée de soixante-dix-huit ans, en observant ce qui se pratique en pareil cas.

Signé : BUHAN, *jurat;* TRANCHÈRE, *sindic de la Ville.*

Ce permis d'inhumation ne porte point d'indication de domicile, mais il est accordé au sieur François Bricheau,

calviniste, qui habitait la rue Neuve, au n° 32, très proche voisin, par conséquent, de la maison Lartigue;

et, de plus, dans le *Journal des Annonces-Affiches et avis divers*, 1771, n° 4, page 19, on lit : « La vente des meu-
» bles de feue madame de Montesquieu, consistant en
» lits, tapisseries, linge, batterie de cuisine, etc., se fera
» lundi 28 du courant (janvier 1771), au fond du cul-
» de-sac de rue Neuve, à l'hôtel du Port-Mahon. »

Ces indications établissent que c'est bien dans la maison de son père que mourut Mme de Montesquieu, le 13 juillet 1770 ([1]).

Le nom de Port-Mahon, donné à l'auberge ou hôtellerie établie dans l'ancienne maison Lartigue, était aussi celui de l'impasse, à l'entrée de laquelle, sur l'emplacement de l'ancien jardin de la famille Ferron, s'élevait depuis peu d'années la petite boutique d'un pâtissier dont l'enseigne portait pour titre : *Au Port-Mahon*, sorte de gâteau fait d'une pâte dure et garnie d'amandes, gâteau bien connu de tous les contemporains de mon enfance, mais qui, depuis longtemps, a disparu du menu de la pâtisserie moderne ([2]). Ce nom qui, rue Neuve, désignait un gâteau, une hôtellerie, une ruelle, d'où

([1]) M. R. Céleste me fournit encore un irrécusable témoignage : Jean Alary, architecte, donne quittance à Mme de Montesquieu de la somme de 2,360 livres, pour avoir bâti à neuf le corps de logis, vers le levant, où est l'entrée de la maison appartenant à Mme de Montesquieu, située au bout du cul-de-sac de rue Neuve ; quittance datée du 6 juillet 1748.

([2]) La boutique du pâtissier fut incendiée peu de jours avant la grande Révolution, et la maison actuelle fut construite par M. Pierre Vergnes, gendre du notaire Martin Rauzan, sur les plans et dessins de Bonfin père, contrôleur des travaux de la nouvelle salle de spectacle, édifiée par l'illustre Louis. Mon grand-père maternel, Claude Chevallier, fut occupé dans la maison Vergnes aux travaux de peinture et de vitrerie. Puis, à l'achèvement de cet immeuble, il prit comme domicile le rez-de-chaussée et l'entresol, où il séjourna quarante-neuf ans. C'est là que je suis né, le 18 août 1823, au fond de l'impasse, à gauche, dans la petite chambre du premier, qui avoisine les vieux murs de l'ancien hôtel Ferron, du président Carles et de Mme de Montesquieu. Mon vénérable aïeul et mon respectable père ne pouvaient me choisir un berceau bordelais plus flatteur !

venait-il? D'un acte de courtisannerie à l'adresse du maréchal de Richelieu, gouverneur de la Haute et Basse Guyenne, nommé le 4 décembre 1755, bien qu'il ne fît son entrée solennelle à Bordeaux que le 4 juin 1758, de retour du fameux siège de Port-Mahon, qui restera son vrai titre de gloire.

Les souvenirs des anciens parlementaires qui se trouvaient dans cette rue, sont bien loin d'être épuisés; mes notes renferment les noms de Masparault, conseiller du Roi, de Louis de Grouchy, procureur, de son fils Pierre de Grouchy, avocat, et de son confrère Faulte, qui publia diverses considérations juridiques divisées en cinq livres et rédigea d'utiles additions aux *Observations de droit* de Maurice Bernard. Tous ces légistes habitaient le haut de la rue dans le voisinage du vieil hôtel Lalande, aux n°ˢ 33, 35 et 40; mais, au n° 35, existaient des noms qui méritent plus et mieux qu'une simple mention: il s'agit de la maison des messieurs de Lamothe.

En 1737, par acte du 19 août, au rapport de Mᵉ Fournier, Daniel de Lamothe, avocat au Parlement de Bordeaux depuis 1705, acquit de Pierre de Grouchy une maison située rue Neuve, mouvance de M. Emery Durfort de Civrac, aujourd'hui n° 35; l'année suivante, il fit reconstruire cet immeuble, tel qu'il se voit encore, sauf quelques dispositions intérieures et particulièrement celles du rez-de-chaussée, où des magasins ont remplacé des salons boisés ([1]). Du mariage de Daniel de Lamothe, en 1724, avec Marie de Sérézac, fille du maire de Castillon, naquirent sept enfants, deux filles et cinq fils. Trois de ces derniers ont laissé des travaux et des souvenirs qui

---

([1]) Pour tous les détails relatifs à cette maison, je puis en parler à mon aise, puisque l'un des neveux de M. de Lamothe, le médecin, a vendu cet immeuble à mon père.

donnent droit aux Lamothe de figurer dans toutes les biographies locales : Simon-Antoine-Delphin, l'aîné ; Alexis, le cadet, et Simon-Victor, le quatrième. Daniel de Lamothe, le père, mourut dans sa maison, rue Neuve, le 7 mars 1763, âgé de quatre-vingt-trois ans ; il fut inhumé dans l'église Saint-Michel, où il avait rempli les fonctions de grand-ouvrier. Les auteurs des *Coutumes du ressort du Parlement de Guienne* s'expriment ainsi dans leur discours préliminaire (p. v) : « Nous eussions moins
» compté sur la réussite, sans les secours de plus d'une
» espèce que nous avons trouvés dans les manuscrits d'un
» père qui consacra ses jours à l'étude et en recueillit
» pour prix flatteur l'estime et la confiance de ses com-
» patriotes (¹). »

Simon-Antoine-Delphin de Lamothe, le fils aîné, naquit à Belvès (Dordogne), le 17 janvier 1725 et mourut à Bordeaux, rue Neuve, le 6 janvier 1781 (²). Il avait été reçu avocat au Parlement, le 27 juin 1744 ; il exerça la charge de professeur royal en droit français. En 1772, Delphin de Lamothe se maria avec Mlle Élisabeth de Brulz. Dès 1770, il faisait partie de l'Académie de Peinture, Sculpture et Architecture civile et navale de Bordeaux, dont il fut élu secrétaire perpétuel en 1771, charge qu'il conserva jusqu'à sa mort ; il était également associé de l'Académie de Poitiers. L'*Almanach des Artistes*, par l'abbé Lebrun, cite au nombre des curieux Bordelais

---

(¹) Voici le titre de l'ouvrage des frères Lamothe : « *Coutumes du ressort du Parlement de Guyenne ; avec un commentaire pour l'intelligence du texte et les arrêts rendus en interprétation ; par deux avocats au même Parlement*. Bordeaux, frères Labottière, place du Palais M. DC. LXVIII, 2 vol. in-8°. Sur le corps de cheminée, d'un cabinet de la maison sont les insignes du professeur de *Droit françois*.

(²) Et non le 12 août, comme le dit M. Jules Delpit, dans ses notes sur *Les MM. de Lamothe*, publiées en 1846. Bordeaux, Balarac, in-8°, 23 pages.

M. de Lamothe, comme ayant formé une collection de gravures anciennes et modernes ; son salon devait être le rendez-vous des hommes de loi, des érudits et des artistes de notre ville ; il était particulièrement lié avec l'abbé Baurein et le peintre d'histoire Taillasson, devenu membre de l'ancienne Académie royale de Peinture. C'est pendant le séjour à Rome de cet artiste, en 1774, que, sur le rapport de Lamothe, Taillasson fut admis comme agréé de l'Académie des Arts de Bordeaux. Deux autres artistes, de cette même Académie, étaient aussi les habitués de la maison Lamothe : le peintre Batanchon, demeurant rue Bouquière, et les deux Lavau, graveur et sculpteur, qui habitaient, en 1776, la maison faisant l'angle de la rue Neuve et de la rue de la Rousselle. Mais ce qui recommande le plus la mémoire de Delphin Lamothe, ce sont ses *Commentaires sur la Coutume de Bordeaux et sur celle de Bergerac*, son *Éloge historique d'Étienne de la Boëtie* et son *Projet d'Histoire ancienne et moderne de la province de Guienne*, dont il ne publia que le prospectus, en 1765. Enfin, Lamothe aîné fut élu membre de l'Académie de Bordeaux le 26 janvier 1777. Comme on le voit, « l'Académie fut la vraie fille du Parlement de de Bordeaux » (1).

Alexis de Lamothe naquit à Belvès le 14 juillet 1728 et mourut aux Goulards, près de Sainte-Foy (Gironde), le 5 novembre 1786 ; il fut reçu avocat au Parlement le 12 mai 1747 et travailla avec son frère aîné aux *Commentaires sur la Coutume de Bordeaux et sur celle de Bergerac* ; il était particulièrement lié, dans sa toute jeunesse, avec de Lamontagne, qui fut si longtemps le secrétaire de l'*Académie des Sciences* et nous a conservé

---

(1) Le mot n'est pas de moi ; il est de M. Boscheron des Portes : *Histoire du Parlement de Bordeaux*, t. II, p. 420.

tant de papiers curieux sur les hommes et les choses du xvIIIᵉ siècle (¹).

Simon-Victor de Lamothe, né à Bordeaux le 18 juillet 1736, mourut célibataire le 24 avril 1823, à l'âge très prochain de quatre-vingt-sept ans. Nommé docteur en médecine à l'École de Montpellier, il fut élu membre de l'*Académie des Sciences de Bordeaux* le 20 janvier 1769. Ses titres à la reconnaissance publique sont nombreux ; pour s'en convaincre il suffira de lire l'*Éloge académique de Victor de Lamothe,* dans la Notice des travaux de la Société royale de Médecine de Bordeaux, 1823, p. 44, par M. Dupuch-Lapointe, secrétaire général ; le discours de M. Capelle, dans les *Actes de l'Académie* de la même ville, année 1824, p. 102 ; l'*Éloge académique de Victor de Lamothe,* par le Dʳ Charles Dubreuilh, lu en séance publique le 26 janvier 1869 et les notules sur les Lamothe, publiées par M. E. Feret, dans sa *Statistique générale.* Bordeaux, 1889, gr. in-8°, t. III, p. 368.

IV

Ces derniers noms nous conduisent aux grands événements de la Révolution française et désormais ne se présenteront, dans les souvenirs déjà vieux de la rue

(¹) La maison des Lamothe, comme il a été dit, était le rendez-vous habituel de plusieurs membres de l'ancienne Académie, particulièrement de l'abbé Baurein, cité par les auteurs des *Commentaires de la Coutume de Bordeaux* dans leur *Avant-propos* et par le secrétaire perpétuel François de Lamontagne. Une autre particularité démontre l'initiative des Lamothe: leur maison était autrefois pourvue d'un paratonnerre et c'était la seule de la rue, ce qui prouve les rapports qu'avaient eus les Lamothe avec de Romas, membre associé de l'Académie, correspondant, pour les sciences, de celle de Paris, et qui a laissé divers écrits sur l'électricité, notamment son *Mémoire sur la nécessité et les moyens d'armer les édifices de conducteurs ou de paratonnerres pour les préserver de la foudre,* et l'*extrait de deux lettres écrites à M. Lamothe sur le paratonnerre,* par M. Ladebat. Voir: R. Céleste : *Table historique et méthodique* (1712-1875), p. 331 à 333.

Neuve, que des contemporains disparus. Mais, avant de rappeler d'honorables mémoires, saluons d'un triste regard ceux qui furent victimes de nos dissensions sociales et politiques.

Depuis les événements tumultueux et dramatiques de la Fronde, de l'Ormée et de la révolte de 1675, où les quartiers de la Rousselle, de la place Sainte-Colombe et de la rue Neuve virent s'élever des barricades et furent témoins de nombreux débats armés, soutenus par les Ormistes, les Bien-intentionnés ou le Parti des Princes [1], jamais Bordeaux n'avait éprouvé de plus vives émotions populaires qu'en 1793. Le Parlement, qui s'effondrait sous les violentes secousses de l'effervescence publique, vit périr plusieurs des siens, et le 29 novembre de cette lugubre année eut lieu l'arrestation en masse des négociants bordelais ; Ysabeau jeune, frère du fameux conventionnel, fut chargé notamment d'arrêter les citoyens ci-après : Lardin, Risteau père et fils, Bertrand et Candau, tous de la rue Neuve [2]. On pourrait ajouter à cette liste les familles Ducos et Duplantier qui ont laissé des descendants dans ce vieux quartier, et Pibereau père et fils condamnés à mort pour aristocratie.

Il n'est pas jusqu'à nos monuments civils ou religieux qui ne reçurent de regrettables atteintes des mouvements violents de cette époque et la mutilation de modestes édicules ne fut pas épargnée. A l'angle de l'impasse du Port-Mahon, attenant à l'ancienne maison Duvergier,

[1] Les guerres de la Fronde, les troubles de l'Ormée et l'émeute motivée par les impôts sur la marque de l'étain et du papier timbré eurent lieu dans le cours du xvii⁰ siècle. Consulter, sur ces événements : *Histoire de Bordeaux*, par Dom Devienne ; *Les Mouvements de Bordeaux*, par Fonteneil ; *Les Mémoires de Lenet* ; *L'Ormée à Bordeaux*, d'après le *Journal de Filhot*, par M. Communay, et les nombreux documents publiés par la *Société des Archives historiques de la Gironde*.

[2] Notes extraites des *Archives de la Commission militaire de Bordeaux, en 1793 et 1794*, par M. Aurélien Vivie.

substitut du procureur général, se voit encore une niche cornière du XVIIe siècle, d'assez grande proportion, dans laquelle était originairement placée la statue en pierre de saint Jean-Baptiste. En 1793, cette statue fut renversée violemment et sa tête rompue; mais le corps mutilé, recueilli dans la cave de cette maison, en a été extrait vers 1840, par ordre de Mme veuve Sabatier, alors propriétaire, qui fit transporter cette sculpture dans son jardin de la Croix-Blanche, où elle fut réparée par les soins d'un jeune statuaire bordelais, Joseph Felon (¹). Du reste, saint Jean-Baptiste était fort en vénération dans le quartier : c'était particulièrement le 24 juin que se réglaient les baux de plusieurs fermes, que se payaient les droits d'*exporle* (²). C'était aussi ce saint qui décorait la bannière, fidèlement conservée, de la corporation des anciens marchands de morue, établie rue Rousselle, et c'était au carrefour qui séparait la rue Neuve du vieux palais de l'Ombrière que s'élevait l'antique petite chapelle, sous le vocable de saint Jean, qui a été déjà bien des fois nommée et qu'il y avait lieu de rappeler ici (³).

(¹) Joseph Felon est né à Bordeaux le 22 août 1818; élève de P. Lacour fils et de Galard, il partit en 1839 pour Paris, où il obtint de nombreux succès à l'École des Beaux-Arts, puis aux Salons. L'œuvre de Felon est considérable. Le *Dictionnaire* de MM. Bellier de La Chavignerie et Auvray en donne une longue nomenclature.

(²) Voir l'explication de ce mot, qui n'est guère connu qu'en Guyenne, dans l'ouvrage des frères Lamothe, *Coutumes du ressort du Parlement de Guienne*, t. I, p. 403.

(³) Grâce à l'obligeance de M. C. de Mensignac, j'ai pu voir à l'aise le grand plat circulaire du XVIIe siècle, en cuivre repoussé, ayant au centre un ange aux ailes éployées, tenant deux écussons sur lesquels on peut lire l'inscription suivante :

LEDIT PLAT	APARTIENT
AV CONFRER^E_S	DE ST IEAN
PORTEVR	DE MORVS
AV PONT	ST IEAN

Ce plat, en *Dinanderie*, fait partie du Musée des armes de la ville de Bordeaux; il servait aux confrères pour recueillir les offrandes.

« Puisque je parle de la fin du xviiie siècle, je tiens à mentionner que c'est dans les dernières années de cette époque que les noms des rues, connus jusque alors de mémoire, furent inscrits aux extrémités, sur les maisons d'angle, par ordre des jurats. D'après le manuscrit de René Renaire *(Époques bordelaises)*, ce serait dans les premiers mois de 1758 que ce travail aurait été fait et, d'après Mercier (¹), c'est en 1728 qu'on aurait apposé des écriteaux aux coins des rues de Paris et le numérotage des maisons en 1783. A Bordeaux, les numéros ne furent placés, par ordonnance des jurats, que le 27 novembre 1780.

Il est encore un nom, très connu, qui se rattache à l'ancienne cour des Ferron et des Raoul, c'est celui de Cabarrus; à vrai dire, il ne s'agit point du ministre des finances d'Espagne, François, comte de Cabarrus, père de la fameuse Mme Tallien, dite *Notre-Dame de Thermidor*, mais du cousin germain du ministre espagnol, dont le nom se relie aux anciens habitants de la rue Neuve : Cabarrus (Jean-Valère), négociant bordelais, chez lequel, en février 1794, était commis Jean-Raimond de Sèze, frère d'un des défenseurs du Roi. De 1812 à 1815, Cabarrus fut président de la Chambre de commerce, dont il était membre depuis son rétablissement, le 3 nivôse an XI (24 décembre 1802); conseiller municipal, chevalier de la Légion d'honneur, membre du Conseil général de la Gironde, du Conseil général du commerce et l'un des plus assidus représentants de la Ville auprès de la duchesse de Berry, lors de son passage à Bordeaux en 1828. Cabarrus mourut le 9 décembre 1829, rue Saint-Dominique, n° 6.

(¹) *Tableau de Paris*, 2e vol., p. 119.

Plusieurs anciens notaires habitèrent la rue Neuve : Lavau, dans la cour Raoul, et qui était douteusement allié aux artistes du même nom ; Hazera père, au n° 39, étude où fut passé le modeste contrat des auteurs de notre grand peintre Brascassat ; Martin Rauzan, dans une vieille maison disparue aujourd'hui, mais rebâtie et qui porte le n° 8 : c'est là que furent rédigés plusieurs actes d'acquisition des terrains des glacis du Château-Trompette, vis-à-vis le Chapeau-Rouge, terrains concédés par le Roi pour la construction de la nouvelle salle de spectacle. A ce propos, l'architecte Louis venait souvent chez le notaire Rauzan, qui eut pour successeur un de ses fils, mort dans mon enfance. Rauzan père, marié à Mlle Madeleine Madeville, eut sept enfants, quatre garçons et trois filles ; l'un devint le notaire dont il vient d'être question ; l'autre médecin et mourut aux environs de Paris, les deux suivants entrèrent dans le sacerdoce : l'abbé Rauzan-Belille, décédé chanoine titulaire de la primatiale de Saint-André, le 16 mars 1849, et l'abbé Jean-Baptiste Rauzan, l'aîné de tous, qui fut l'éminent supérieur des Missions de France, fondateur des prêtres de la Miséricorde, né à Bordeaux le 5 décembre 1757, mort à Paris le 5 septembre 1847, âgé de quatre-vingt-dix ans moins trois mois. La vie de Rauzan l'aîné fut des plus laborieusement remplies ; il occupa de hautes situations sous l'Empire et la Restauration ; il suffit de dire qu'il porta le titre de grand-aumônier de l'Empereur et de Louis XVIII. Du reste, des biographies fort étendues ont été rédigées sur l'abbé Rauzan et le lecteur peut y recourir pour bien connaître l'existence de ce savant ecclésiastique [1].

---

[1] *Vie du très Révérend Père Jean-Baptiste Rauzan, fondateur et premier supérieur général de la Société des Missions de France, aujourd'hui Société des prêtres de la Miséricorde, sous le titre de l'Im-*

Il est un autre dignitaire sorti du clergé bordelais qui
appartient à la rue Neuve, sinon par sa naissance, tout
au moins par son nom, ses alliances et le séjour qu'il y
fit dans sa toute jeunesse, au n° 33, chez son oncle et
tuteur M. Jean-Barthélemy Dupuch, qui a laissé dans
les annales du commerce bordelais le juste renom d'une
haute personnalité, par son caractère et les fonctions
qu'il a dignement remplies : adjoint au maire de Bordeaux de 1826 à 1830, président du Tribunal de commerce de 1836 à 1838, membre de la Chambre de commerce, chevalier de la Légion d'honneur, mort le 25 décembre 1847.

C'est chez lui, à sa belle propriété des Collines,
vis-à-vis les Douze-Portes, qu'il offrit à déjeuner à
Mme la duchesse de Berry, le 5 juillet 1828 (¹). C'est aussi
dans sa maison de ville que M. Dupuch reçut son pupille
et neveu dès ses premières années : Antoine-Adolphe
Dupuch, ordonné prêtre en 1825 et qui a tant fourni de
preuves de son extrême charité. L'abbé Dupuch, en
raison de ses actes nombreux de bienfaisance et d'élans
généreux, fut désigné par le roi Louis-Philippe pour
inaugurer le siège épiscopal de l'Algérie, où il fut établi
en 1837. Mais, après avoir donné plus que tout son bien
aux pauvres, ce pieux et charitable évêque se retira dans

---

maculée *Conception, et supérieur de la congrégation des Dames de
Sainte-Clotilde, etc...*, par le P. A. Delaporte, prêtre de la Miséricorde.
Paris, Jacques Lecoffre et Cie, 1857, in-8°, 527 p., avec un portrait litho-
graphié par Maurin, d'après la peinture de Paulin Guérin. On doit
consulter encore : *L'Éloge de M. l'abbé J.-B. Rauzan*, etc., prononcé à
la distribution solennelle des prix du petit séminaire de Bordeaux, le
21 août 1848, par M. l'abbé Gaussens, chanoine honoraire, curé archiprêtre
de la basilique Saint-Seurin, membre de l'Académie de Bordeaux.
Bordeaux, Gounouilhou, 1854.

(¹) *Mémorial bordelais*, juillet 1828. Passage et séjour de la duchesse
de Berry dans la ville de Bordeaux.

l'ombre et mourut aux environs de Bordeaux, dans un
dénuement complet, le 10 juillet 1850. Sa touchante biographie a été écrite par M. l'abbé Pionneau, curé du
Tourne (¹).

Le nom de Dupuch me remet en mémoire de lointains
souvenirs; car je vois, au rez-de-chaussée de presque
toutes les maisons de la rue Neuve, des salons boisés ou
tapissés de tentures; je vois encore cette rue presque
totalement habitée par des négociants, qui furent les
successeurs immédiats des anciens parlementaires. Parmi
ces notabilités commerciales, l'une des plus anciennes est
la famille Roussel, qui occupait la maison faisant l'angle
de la rue Sainte-Colombe et de la rue Neuve, portant
aujourd'hui le n° 1; maison construite au commencement
du XVII⁰ siècle et qui développe sa façade sur six arceaux
surbaissés (²). C'est dans ce vieux logis que sont nés les
fils de M. Roussel, dont la femme, demeurée veuve fort
jeune, éleva dignement sa nombreuse famille. C'est aussi
dans cette maison que se préparèrent aux grandes opérations commerciales les familles Ducasse et Damas, bien
connues dans Bordeaux et desquelles il sera bientôt
question. Des fils Roussel, il faut retenir deux noms :
Jean-Baptiste Roussel l'aîné, qui laissa son lieu de naissance pour se fixer dans la même rue, à l'ancien n° 8,
maintenant n° 16. Il exerça les fonctions de démonstrateur à l'École de commerce de Bordeaux. Roussel aîné a
publié, en 1847, un important travail intitulé : *Connaissance des Marchandises* ou *Dictionnaire analytique et raisonné des articles indigènes et exotiques*, etc. Cet ouvrage

(¹) *Vie de Monseigneur Dupuch, premier évêque d'Alger*, par M. l'abbé Pionneau. Bordeaux, Chaumas, 1866, in-8°, 465 p. — *Statistique générale de la Gironde : Biographie*, par E. Feret, 1880, p. 220.

(²) Voir, dans la collection de M. Jules Delpit, le plan d'élévation de cette vieille maison.

est dédié à M. le Ministre du commerce, qui avait fortement encouragé l'auteur à l'exécution de ce travail (¹). J.-B. Roussel mourut en 1849.

Le second fils Roussel, qui doit être mentionné, occupait, dans ses dernières années, la maison rue Neuve, n° 44, où il décéda le 24 avril 1868, âgé de quatre-vingts ans. Jean-Baptiste-Jules Roussel possédait une collection de coquilles marines, d'eau douce et terrestres, qui fut acquise, vers 1843, pour le Muséum du Jardin des Plantes de Paris, où, bien longtemps après, l'on n'avait pas encore trouvé son placement; il avait de plus un cabinet de tableaux anciens dont plusieurs furent exposés dans notre ville, notamment en 1834.

Dans les vieux titres de la maison Roussel, qui datent du XVIe siècle, se trouvent l'indication des dispositions de l'ancien immeuble constatant l'existence de plusieurs étaux de boucheries, de *bancs carnassiers* ou *bancs à tailler chair*. Ce renseignement, qui conserve un état local ancien, mérite d'être rappelé : « Maison faisant
» encoignure de rue Rénière et rue Neuve, consistant en
» cave, boutique à deux arceaux, l'un rue Neuve et l'autre
» rue Rénière, chambre au-dessus, avec le fond et sol,
» laquelle était, avant sa construction, en six bancs carnas-
» siers, faisant partie de la boucherie de rue Bouquière. »
En plus de ce texte, il faut ajouter celui qui se rapporte à la maison placée vis-à-vis. « En ladite rue Neuve, du
» bout vers le midy, il y a une maison possédée en pro-

(¹) Bordeaux, typ. de Suwerinck, 1847, 5 vol. in-8°. Le manuscrit de cet ouvrage est déposé à la Bibliothèque de la ville de Bordeaux. Je tiens de source certaine que les corrections du style un peu vieilli et de détails orthographiques que l'on remarque sur ces pages, sont de la main d'un jeune collaborateur, alors, de Eugène Crugy : Charles Monselet.

Les passages principaux de l'ouvrage de J.-B. Roussel ont été reproduits dans l'*Encyclopédie générale*.

» priété par ledit seigneur [de Lalande] et au sol de ladite
» maison il y a une boucherie appelée Porte-Bouquière,
» laquelle boucherie il y a dix-neuf bancs à tailler chair,
» pour raison desquels est dû annuellement, par les tenan-
» ciers desdits bancs, divers deniers d'exporle et 29 sols
» neuf deniers de rente foncière et directe. » Ces extraits
justifient la dénomination d'une voie toute voisine, la
rue des Boucheries, et complètent le continuateur de la
Chronique bordelaise, Jean Darnal, qui parle des boucheries établies dans divers endroits de la ville.

Ainsi qu'il a été dit précédemment, c'est à la primitive maison Roussel, située à l'angle de la rue Sainte-
Colombe, qu'il faut rattacher l'origine de l'important
commerce de drogueries sous la raison sociale Ducasse
et Damas, qui a laissé bonne réputation dans les affaires
bordelaises, exercées dans les immeubles voisins de la
maison cornière, en remontant la rue Neuve (1). C'est dans
la maison portant aujourd'hui le n° 9 qu'habitait, tout
jeune alors, M. Damas junior (Jean-Baptiste-Élisée), l'un
des fondateurs de l'association Paris et Damas pour la vente
des vins et spiritueux ; juge au Tribunal de commerce et
membre de la Chambre, il en devint le président de 1843
à 1845. Tous les établissements électifs de la Gironde ont
compté parmi leurs membres M. Damas junior, devenu
l'un des fondateurs et administrateur de la Compagnie
des chemins de fer du Midi et de la Banque de France.
Consul de Belgique, chevalier de la Légion d'honneur,
officier de l'ordre de Léopold de Belgique et commandeur

---

(1) Le n° 5 entre autres, occupé précédemment par une vieille maison en bois du xv° siècle, terminée en pignon ; maison incendiée le 17 octobre 1832, d'après le journal *la Guienne*. C'était un des derniers modèles de constructions anciennes employés par les maçons de Bordeaux ; ces maisons étaient généralement construites en poutres et poutrelles reliées ensemble et dont les vides étaient remplis de terre et de briques.

de l'ordre de Charles III d'Espagne, telles furent les hautes récompenses que lui mérita son dévouement. M. Damas junior mourut à Beychac (Gironde) le 22 octobre 1887 ([1]).

A ce très honorable nom, je suis obligé, pour raviver de grands et bons souvenirs, de rappeler à la mémoire plusieurs négociants dont les noms s'oublient trop facilement dans la rue Neuve et qui méritent d'être signalés : le jurat Poncet, qui, en 1768, était l'un des directeurs de la Chambre de commerce, et, deux ans après, Seignouret (François). Puis Fieffé, Lapène, Lafon, Beyssac, tous inscrits sur le livre d'or des Bordelais de distinction et chefs de maisons importantes. Auprès d'eux naturellement doit être joint un officier de la marine marchande, M. Élie-Daniel Bureau, capitaine au long cours et armateur du navire *la Revanche,* en 1825, puis commandant de *l'Aimable-Joséphine,* du port de 223 tonneaux, armateur M. Camin, de Bordeaux.

La fin du capitaine Bureau fut trop douloureusement tragique pour que je ne retrace pas ici les événements d'une mort si lamentable, relatés du reste par deux chefs éminents de la marine militaire : Dumont d'Urville et Dupetit-Thouars ([2]). Je me borne à citer ici les titres de leurs ouvrages. L'importance de ces notices m'a fait renoncer à les reproduire, mais en songeant qu'elles concernent un de nos compatriotes, parti de la rue Neuve, n° 34, et qu'elles sont pour ainsi dire perdues dans le corps d'importants ouvrages, j'ai pensé qu'une

---

([1]) Voir les journaux de Bordeaux pour les discours prononcés au cimetière de la Chartreuse le 24 octobre 1887, par MM. Samazeuilh et Pelleport-Burète. *Statistique de la Gironde*, t. III, par Ed. Feret.

([2]) *Voyage au pôle Sud et dans l'Océanie sur les corvettes l'*ASTROLABE *et la* ZÉLÉE, *exécuté de 1837 à 1840, sous le commandement de J. Dumont d'Urville, capitaine de vaisseau,* t. III, p. 42.

Voyage autour du monde sur la frégate la VÉNUS, *pendant les années 1836-1839,* par A. du Petit-Thouars, capitaine de vaisseau, t. II, p. 413.

analyse des détails de ce touchant récit devait figurer dans ce recueil.

D'après la version d'un ancien matelot de l'*Aimable-Joséphine*, nommé Marion, d'origine normande, qui était resté trois ans au service du capitaine Bureau et conservait pour lui beaucoup d'estime, ce matelot vantait son capitaine comme un excellent marin, comme un homme généreux et affable envers les sauvages. Personne ne pouvait soupçonner les motifs pour lesquels avait été tué cet officier, si ce n'est pour piller son navire, chargé de perles, de nacre et d'écailles de tortues.

D'après un autre matelot, nommé Manuel Muños, né à Lima et témoin du massacre du capitaine et de plusieurs hommes de son équipage, l'événement aurait eu lieu en 1834, vers le mois de juillet, aux Iles Viti. Le capitaine Bureau fut frappé traîtreusement par un naturel du pays, neveu du chef Nakalassé, et le navire fut entièrement livré au pillage.

Deux navigateurs de la marine française, Dupetit-Thouars et Dumont d'Urville, qui ont visité ces lointains parages, ont fait, de 1836 à 1840, de sérieuses enquêtes sur ce grave événement. Ce dernier marin, le 17 octobre 1838, dirigea sur l'île de Piva, demeure de Nalakassé, une expédition qui, quoique tardive, vengea la mort du malheureux capitaine français.

Aussi, dirai-je avec ceux qui avaient qualité pour défendre les mérites de Daniel Bureau : « Trop de confiance dans son courage, trop de témérité dans son caractère, jointes à sa grande conscience des bons procédés dont il avait toujours usé envers les habitants de ces îles, sont les seuls reproches sérieux qu'on peut faire à l'infortuné capitaine, qui n'avait pas à ses ordres, comme les officiers de la marine militaire, une petite armée et des moyens sérieux de défense pour imposer partout et toujours ses volontés. »

Aux tristes faits qui viennent d'être énoncés, il est doux de mentionner la mémoire de modestes propriétaires qui ont vécu simplement dans ce quartier et dont les noms inspirent des sentiments de haute considération; il en est un surtout qui réveille le souvenir d'une ancienne famille de parlementaires dont il a été question précédemment et qui ne peut rester dans l'oubli : M. Carles (Pierre-Cyprien), mort le 1er janvier 1827, laissant un fils, décédé ces dernières années, M. J.-B. Aubin Carles, qui descendait, en ligne directe, de *Gellardus Carolus*, maître de chapelle à la primatiale, frère de Vital Carles, fondateur de l'hôpital Saint-André [1].

Il ne me reste plus pour conclure qu'à parler de quelques artistes et artisans. Sur les premiers, j'ai donné précédemment des notes, à propos des réunions habituelles qui se tenaient chez les frères Lamothe où se trouvaient les deux Lavau, le sculpteur et le ciseleur et dont je ne découvre pas d'alliance avec le notaire de ce nom. Si je n'avais déjà publié, dans les ouvrages de la *Société des Bibliophiles de Guyenne*, des notices sur les Lavau, je m'imposerais le devoir de les imprimer ici, mais je renvoie le lecteur aux *Salons bordelais du XVIIIe siècle* pour le peu que j'ai recueilli au sujet de ces deux artistes. Il en est un autre, assez obscur, auteur des portraits de Georges Sand et de l'abbé Sabatier et publicateur en 1848 de divers projets d'organisation artistique, mais dont le nom se rattache surtout au début d'un grand compositeur français. Je lis dans une *Notice biographique de l'Institut de France :* « Félicien David était bien pauvre,

---

[1] Communication de M. Dulignon-Desgranges.

en 1831, lorsqu'il fit la connaissance d'un peintre nommé Justus, qui l'initia aux pratiques saint-simoniennes et le fit bientôt admettre dans la société religieuse que M. Enfantin dirigeait avec le titre de père suprême (¹). » Je vois encore passer dans la rue Neuve le peintre Justus visitant sa famille, au n° 39. Le costume pittoresque et quelque peu théâtral de la secte nouvelle, revêtu par ce jeune et brave garçon, est tout le souvenir qui m'en soit resté.

J'arrive aux industriels. Les maîtres serruriers Chavanton, dont les successeurs occupent encore l'emplacement du jardin de la maison Raoul, recueillirent les chefs-d'œuvre de la corporation des anciens maîtres serruriers, et c'est des mains du dernier des Chavanton que ces chefs-d'œuvre sont passés dans la galerie du Musée d'armes de la ville de Bordeaux (²). Si je n'ai pas qualité pour louer, comme ils le méritent, ces curieuses pièces de collection, je dois mentionner au moins que, avant d'entrer en possession du Musée, ces objets furent visités sérieusement et remis en bon état par un tout jeune homme devenu maître habile à son tour, décédé, il y a peu de temps, entouré de la haute estime des architectes bordelais, particulièrement de notre confrère Charles Durand. J'accomplis donc un acte de justice en insérant dans ce recueil le nom de Pierre-Victor Baron.

Cette étude ne devrait comprendre que ceux qui ne sont plus; mais puis-je terminer cette revue locale sans mentionner un illustre confrère, dont les premiers essais se sont produits sous mes yeux?

(¹) *Notice sur Félicien David*, par M. E. Reyer, de l'Académie des Beaux-Arts, 1877, p. 3.

(²) Cette collection se compose de trente pièces; les plus curieuses sont comprises entre les années 1315 et 1739.

En 1830, au numéro 20 de la rue Neuve, existait l'ancienne maison Avigdor de Nice, puis Élisée Raba, dont le commerce, plus spécial, était les huiles d'olive. C'est là que vers 1841 vint se fixer un négociant de La Rochelle qui continua les affaires de ses prédécesseurs. Parmi le personnel de cette maison se trouvait son fils, un blond petit garçonnet, de seize ans à peine, huché dans un de ces comptoirs en bois, établis dans le fond du magasin, comme on en voit encore dans la vieille rue Rousselle, et griffonnant sur les marges de factures commerciales des croquis de paysages et des bonshommes. Le goût de ce jeune homme était indéniable, mais ce n'étaient alors que des essais informes, sur lesquels il eût été téméraire de fonder des espérances sérieuses. Le père du jeune commis, bon comme j'aime à me persuader tous les pères, sans vouloir contrarier les dispositions naturelles de son fils, n'entrevoyait pas, dans ses enfantines démonstrations artistiques, des témoignages dignes d'un sérieux intérêt et ne voyait point surtout un avenir assuré pour l'héritier de son nom.

Ici, bien obligé malgré moi d'entrer en scène, je tiens à rappeler une parole qui me fut adressée et qui n'a pas été prophétique heureusement. C'était, par hasard, dans la rue Neuve, à quelques pas du magasin déjà désigné, « Mon fils manifeste des goûts incontestables pour le » dessin ; il voudrait entrer à l'École municipale et, à ce » sujet, quelles sont les démarches nécessaires? Mais » il est bien entendu que *je ne veux pas en faire un peintre,* » *parce que cela ne mène à rien.* » Ma réponse fut des plus simples, eu égard aux faits qui m'étaient bien connus, et peu de jours après le jeune apprenti négociant suivait les cours de l'École de Bordeaux...

Cinquante ans bientôt seront écoulés, depuis l'anecdote

que je viens de raconter, et bien des événements se sont passés heureux ou malheureux; mais quelle opinion a prévalu, que sont devenues ces prémisses artistiques? Enfin, quel fut l'avenir de l'élève de Jean-Paul Alaux? Je passe rapidement sur une belle carrière dont les faits principaux sont connus de vous tous et je me borne à dire que le petit jeune homme blond de 1841 a fait fortune et qu'il est aujourd'hui peintre d'histoire, membre honoraire de l'Académie de Bordeaux, membre de l'Institut, commandeur de la Légion d'honneur et s'appelle William Bouguereau !

En terminant l'énumération, sinon complète, du moins assez étendue des vieux souvenirs de la rue Neuve, jetons modestement les yeux sur l'état actuel : où résidait le porte-bannière de la ville, demeurent aujourd'hui, suivant l'expression dédaigneuse des grands négociants bordelais, quelques Rousselins; où vécurent et moururent de glorieux parlementaires, se trouvent de nos jours d'honnêtes et fort modestes artisans; où méditaient et délibéraient de savants médecins, des professeurs en droit français, des légistes érudits, on vend maintenant, au détail, de petits vins d'Espagne ! *Sic transit gloria mundi.* A cette radicale transformation, ne se reconnaîtraient certainement pas les vieux Bordelais de la rue Neuve, et combien des plus dignes pourraient dire, avec notre grand poète :

« En combien peu de temps se changent toutes choses !
» Ma maison me regarde et ne me connaît pas ! »

Mais une renaissance ne se produira-t-elle point? Sans me bercer d'une illusion trompeuse, j'entrevois dans l'avenir l'accomplissement du rêve de l'intendant du

Pré de Saint-Maur, et le cours Victor-Hugo se reliant directement à celui du cours d'Alsace-et-Lorraine par une voie large et spacieuse, servant de trait d'union entre le nom d'un génie de la France et le nom d'une de ses plus chères aspirations! Ce beau rêve n'est point irréalisable pour nos successeurs.

Fortifions donc nos espérances en jetant un dernier regard sur ce Bordeaux d'autrefois, et bornons-nous simplement à constater que ce n'est pas sans raison qu'en tête de ces pages se trouvent les paroles du savant M. Le Prévot : « Il n'y a pas de si petit coin de terre sur lequel il ne soit possible de faire germer une riche moisson de documents et de souvenirs ! »

APPENDICE

Le texte original, en langue gasconne, du contrat de mariage de Pierre Calhau (1), de rue Neuve, avec Jeanne, fille de Pierre du Soler, citoyen et maire de Bordeaux en 1283, a été publié dans le tome XXVI, page 320, de la Société des *Archives historiques de la Gironde*; il est extrait de la Bibliothèque nationale, collection Doat. Mais ce texte fort long — 17 pages in-4° — est d'une lecture fastidieuse pour le plus grand nombre, en raison de l'abus des formules employées par les anciens notaires. Néanmoins, cette pièce étant d'un curieux intérêt, faisant connaître des usages disparus et nous produisant un état de fortune d'une importance au moins égale à celle de nos grands financiers, nous avons pensé devoir en donner une courte analyse.

Il faut d'abord se bien rendre compte de l'importance des chiffres énoncés dans ce contrat, qui, de nos jours, ne frappent pas notre attention, nous paraissent fort modestes, ce qui est une profonde erreur.

Jeanne du Soler, en épousant Pierre Calhau, agit avec le consentement de Bonnet du Soler, son frère, de la dame de Peyrebrune, sa mère, et de Pierre de Borsendi ou Bersenay, prêtre, son curateur *ad hoc*, nommé à cette fonction, le 25 avril 1326, par l'official de Bordeaux. — Bonnet du Soler constitue en dot à sa sœur : 1° un trousseau de la valeur de 150 livres; 2° 1,000 livres en argent; 3° 50 livres de rente annuelle, pour elle, son mari, et leurs héritiers, sur les biens qu'il possède dans la paroisse Saint-Pierre de Talence, pour la part de Jeanne du Soler dans ses droits paternels; 4° autres 50 livres

---

(1) Pierre Calhau ou Cailhau, seigneur de Podensac, devait être fils d'Arnaud Calhau, maire de Bordeaux de 1303 à 1307, et qui fut établi sénéchal de Saintonge par Édouard II d'Angleterre en 1318. Pierre Calhau dut succéder à son vieux père, comme maire, dans les années 1308 et 1309.

de rente, dans les mêmes conditions, mais seulement après la mort de la dame de Peyrebrune, sur des biens situés dans la paroisse de Conon, pour les droits maternels, si mieux n'aiment, Calhau et sa femme, prendre la part de Jeanne dans la succession de sa mère, succession à laquelle ils paraissent, cependant, renoncer solennellement, avec serment de ratifier cette renonciation quarante jours après leur mariage. Pierre Calhau donne à sa femme, outre les 1,000 livres et le trousseau apportés en dot, un gain de survie de : 1° 200 livres, sur biens et droits dans les paroisses de Saint-Pierre de Jau et de Saint-Laurent en Médoc; 2° 300 livres de rente annuelle, à elle et à ses héritiers, sur biens situés dans la ville ou la banlieue de Bordeaux; 3° 50 livres de rente annuelle et viagère, sur biens dans les paroisses de Margaux et de Cantenac.

D'après l'*Essai sur l'appréciation de la fortune privée au moyen âge*, par C. Leber [1], ouvrage recommandable et très consulté, la dot de Jeanne du Soler, en 1326, date de la rédaction de son contrat de mariage, peut être ainsi constituée, étant donné que dans la première moitié du xiv⁰ siècle 100 livres auraient eu en 1847, époque de la publication de l'ouvrage de Leber, un pouvoir de 8,250 francs. La dot de Jeanne représenterait donc :

1° Le trousseau	Livres	150	soit	12,375ᶠ	—	—
2° Dot en argent		1000	d°	—	82,500ᶠ	—
3° Droits paternels (rentes)		50	d°	—	—	4,125ᶠ
4° Droits maternels éventuels (rentes)		50	d°	—	—	4,125ᶠ
5° Don de Pierre Calhau		200	d°	—	16,500ᶠ	—
6° Rentes viagères de P. Calhau		350	d°	—	—	28,875ᶠ
				12,375ᶠ	99,000ᶠ	37,125ᶠ

Jeanne du Soler aurait eu, sans compter le trousseau, 99,000 francs de capital, plus 37,125 francs de rente annuelle sa vie durant, à la mort de sa mère et de son mari.

Mais, suivant plusieurs économistes que nous avons consultés, l'évaluation qui a été donnée dans le tableau précédent est bien au-dessous de la vérité. Ce qui suffirait à le prouver, c'est l'uniformité que Leber établit de la fin du xiii⁰ siècle (1275) au premier quart du xvi⁰ (1525), c'est-à-dire pendant deux

---

[1] Paris, Guillaumin, 1847, in-8°, 340 p.

cent cinquante ans, où le pouvoir de l'argent était, d'après l'auteur, six fois plus élevé que vers le milieu de notre époque et deux fois plus pendant la période qui s'écoula de 1575 à 1789, alors qu'il est difficile de concevoir que dans un aussi long espace de temps, si troublé par des guerres intestines ou nationales, avec toutes les variations qui se produisaient dans la valeur des métaux précieux, des monnaies et des objets de consommation, le pouvoir de l'argent ait été régulièrement le même pendant deux cent cinquante ans; cette réflexion peut également s'appliquer en partie à la période de 1575 à 1789. Tout le monde sait qu'il faut beaucoup moins de temps pour observer la modification du pouvoir de l'argent et qu'il suffirait de comparer ce qui s'est produit de 1847 à 1890 !

Il serait donc plus exact de raisonner ainsi :

En 1326, le marc d'argent valait 4 livres 10 sous; il vaut aujourd'hui environ neuf fois plus; le pouvoir de l'argent peut être également évalué à quinze fois plus qu'au mois d'avril 1326.

Les sommes constituées à Jeanne du Soler représentent donc $9 \times 15 = 135$, soit 135,000 francs pour les 1,000 livres, d'où il résulte plus exactement l'évaluation suivante :

	Livres	représenteraient.			
1° Trousseau......	150	d°	20,250ᶠ	—	—
2° Dot en argent.......	1000	d°	—	135,000ᶠ	—
3° Rente provenant du père.............	50	d°	—	—	6,750ᶠ
4° Rente éventuelle provenant de la mère.	50	d°	—	—	6,750ᶠ
5° Don de Pierre Calhau à sa femme......	200	d°	—	27,000ᶠ	—
6° Rentes du même....	350	d°	—	—	47,250ᶠ
Totaux divers (dons, dot et rentes)...			20,250ᶠ	162,000ᶠ	60,750ᶠ

Ce tableau suffit pour démontrer l'importance qu'avait, au XIV° siècle, les grandes familles de la rue Neuve.

En outre des biens énoncés et des rentes faites par les parents et le mari de Jeanne du Soler, il est dit par Pierre Calhau :

« S'il arrivoit que Dieu disposât plus tôt de lui que de la susdite Jeanne, sa femme, et que les susdits biens et causes sur lesquels le mariage et don sont assignés, ne valaient et ne montaient chaque année à la susdite Jeanne les susdites 300 livres de rente, le dit cas échéant, Pierre Calhau, de sa bonne volonté, doit accomplir et fournir le défaillant des susdites 300 livres de rentes à sa femme Jeanne, à ses hoirs, ou à son ordre, au porteur de cette carte. Le susdit Pierre Calhau promet et jure sur les saints Évangiles de Dieu, corporellement touchés, qu'il tiendra tous ses engagements, et donne en garantie à sa femme, durant sa vie seulement, tous ses biens dans les paroisses de Margaus et de Cantenat, soient : terres, herms, cultes et incultes, maisons, vignes, bois, landes, paccages, pâturages, moulins, moulinards, meules, prés, eaux, rivières, viviers, droit de pêche, hommes, femmes questes, tailles, manœuvres, leudes, repas, tournées, droits, cens, esporles, tiers, quarts, quintes, sixièmes, septièmes, deniers, agriers, devoirs, gardarias, mants seigneuriaux, qui s'appartiennent, doivent ou peuvent appartenir en aucune manière que le même Pierre Calhau dit qu'il avoit ès susdites paroisses de Margaus et de Cantenat ».

Maintenant, il est encore intéressant de reproduire une formule de ce contrat.

Jeanne, en acceptant le mariage, s'exprime ainsi :

« Moy Jeanne me donne et octroye présentement par parolles
» pour femme et épouse à vous Pierre Calhau; et le même
» Pierre Calhau, de sa bonne volonté, s'est donné et octroyé
» présentement par parolles pour mari et époux à la susdite
» Jeanne, disant en cette manière : Moy Pierre Calhau me
» donne et octroye présentement par parolles pour mari et
» époux à vous Jeanne. »

Ce contrat fut passé le quinzième jour d'avril 1326, étant Charles IV, roi des Français, Édouard II, duc d'Aquitaine, Arnaud [neveu de Clément V], archevêque de Bordeaux, Jean de Haustède, chevalier, maire de la même ville. Puis, suivent les signatures nombreuses de témoins, celles de Jean Philip, notaire public de Bordeaux, et de P. Martin, le cartulaire ou l'écrivain de ce contrat.

Bordeaux. — Imprimerie G. Gounouilhou, rue Guirande, 11.

www.ingramcontent.com/pod-product-compliance
Lightning Source LLC
LaVergne TN
LVHW050601090426
835512LV00008B/1286